U0943715

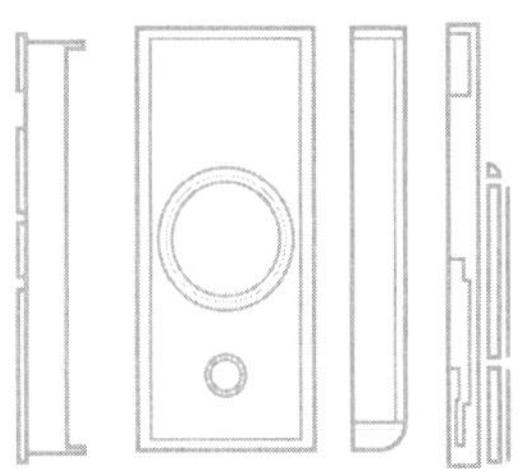

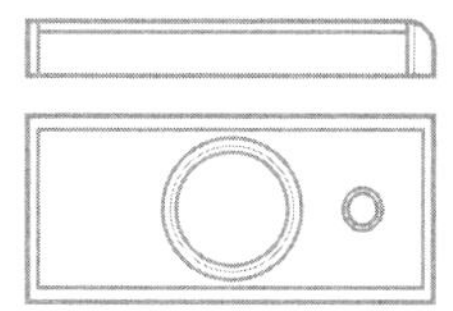

摄影专业“十二五”规划教材

演播室节目制作

顾 洁 郇 睿 著

中国传媒大学出版社
·北京·

目　录

第一章　导播工作简介

■ **本章要点：**

导播界说

导播工作的价值

导播工作的规律性

在现代社会的信息和文化传播中，电视一直扮演着很重要的角色。然而，在日常生活中，普通人对电视业的了解往往局限于主持人、记者、编导或者摄像这些经常出现在台前的工作人员。这一点，甚至影响到了很多刚刚踏入校园并且立志于从事电视行业的年轻学子。比如，很少会有学生一开始就立志将来要成为一名优秀的导播。这实际上反映了我们对导播这一工作的认识还不够清晰和充分，尤其是对其在当今电视传播中的重要价值还不够了解。所以，在本章中，我们首先来认识导播是做什么的、导播工作的地位与价值体现在哪些方面、导播工作的规律性指的是什么。除了这三个重要的问题之外，我们还将了解导播应具备的素质以及导播工作的任务、团队与流程等。

第一节　导播:现代电视节目制作的呼唤

一、电视节目制作方式与导播

(一)多讯道电视节目制作

电视自诞生至今,有三种节目制作方式一直在主导我们的电视节目生产:电子新闻采集(Electronic News Gathering,简称ENG)、电子演播室制作(Electronic Studio Production,简称ESP)和电子现场制作(Electronic Field Production,简称EFP)。其中,ESP和EFP是典型的多讯道节目制作方式。

所谓多讯道节目制作方式是指在演播室或者新闻现场,通过多个视频设备来采集或产生视频信号,然后将采集或产生的信号输入编辑切换系统进行画面信号组合,并最终输出一路信号供直播或录制。当然,输入的视频信号可以有多种多样的来源,包括由多芯电缆线连接的摄像机,提前制作好的录制节目,由字幕或图形系统制作的种种字幕、图形和声画效果,以及通过各种无线通讯技术传送来的现场视频信号,等等。

今天,随着电视节目制作技术的飞速发展,多讯道电视节目制作已经越来越多地呈现出复合化发展的趋势。也就是说,一次多讯道电视节目制作可以融合ESP、EFP和ENG等多种方式。比如,在奥运会的电视录制中,观众可以看到在比赛现场由多个摄像机拍摄并选切出的一路画面(EFP);当一场比赛结束后,记者会马上对获得胜利的运动员进行采访(ENG);而在演播室,主持人和嘉宾还会对比赛进行解说和评论(ESP)。这就构成了一个典型的ESP、EFP、ENG的多讯道综合电视节目制作系统。

(二)多讯道电视节目制作的意义

多讯道电视节目制作方式有着非比寻常的意义。如果从节目录制与播出是否同步这个角度来进行划分,当今电视节目制作可以分为录播和直播两种类型。对于录播节目而言,如果我们不采取多讯道制作方式而采取另一种类似多机拍摄的方式,结果会怎样呢？所谓多机拍摄,就是前期多台摄像机同时但相互独立地采集信号,然后后期进行统一剪辑的制作方式。很显然,在大多数情况下,各机拍摄的后期剪辑面临着堆积成山的素材,而从相互独立的视频素材中挑选画面再进行剪辑,无疑是一项耗时耗力的工程。多讯道电视节目制作在节目录制的同时就完成了声画选取和编辑的主体工作,后期只要再进行精编和包装就可以播出了。

那直播节目呢？现场直播可以说是最能体现电视这一大众传播媒介自身传播优势的节目制作和播出方式了。直播技术的出现彻底打破了时空的限制,但也要求我们在事件发生的同时完成对该事件的拍摄、剪辑、包装和播出,这是一个记录与艺术加工并行的过程。我国的电视节目直播在1997年迎来了第一个高潮,其标志是具有重大历史意义和政治经济意义的新闻事件的直播,比如香港回归的直播。此后,新闻节目的直播逐渐成为中国电视新闻生产的常态。

无论是录播节目还是直播节目,多讯道的现场切换把前期拍摄与后期制作融为一体,大大简化了电视节目制作的程序,而直播更能有效地提升电视传播独特的艺术魅力。在多讯道节目制作过程中,导播是核心,是多工种参与的中心。

二、导播界说

导播这一行当是应多讯道电视节目制作的要求而生的。在多讯道电视节目制作过程中,导播主要的工作是调度讯道摄像机(其他声画信号源),选取和剪辑视频信号。但在实际的电视节目生产过程中,对“导播”这一概念的界定有多个层次。

从狭义的角度来看,导播可以再细分为调机导播和切换导播。调机导播俗称“调机”,主要负责对现场摄像机、其他视频信号(包括字幕、图形、录像等)、音频信号、团队中其他岗位(灯光、视频、现场导演等)以及主持人和演员进行统一组织、调度并发出指令。在现代电视节目生产中,很多节目的编导也可以胜任这一工作。切换导播俗称“切换”,主要负责对经由调机导播调度出来的视频画面进行选取和切换。在规模较大的电视节目制作中,可能还会有第二位工作人员负责第二路视频信号的切换,我们一般称之为“副切”。当然,在节目的实际录制过程中,调机和切换的分工也没有那么严格。如果节目内容、形式比较简单,或是制作人员经验较丰富,调机和切换也可以合二为一,也就是一边下达调机指令,一边进行画面切换。

从狭义的角度来认识导播,我们发现导播的工作其实直接触及多讯道电视节目制作中最核心的部分，即对多机位拍摄进行调度，并现场完成剪辑。除了这一核心工作外，导播的工作还涉及整个录制团队的方方面面。也就是说，为了完成一档高水平的演播室节目录制，导播会作为团队的核心成员参与到机位设计、灯光设计、舞台布置以及演员调度等各个方面的工作中去。不仅如此，一档优秀的电视节目在制作上应该是环环相扣、你中有我、我中有你，最终通过完美的相互协作共同完成。从这个意义来说，如果节目录制团队和内容策划编导团队事先完全没有沟通，导播只负责在演播室根据编导对节目的既定设计进行录制，那么一档电视节目可能很难诞生。因此，如果有条件，导播团队应当参与到节目制作的整个过程中，尽可能打通节目软件和硬件制作要求的壁垒，将节目录制和节目内容创意设计结合起来。在现代电视节目生产的实践中我们发现，有相当一部分演播室节目的制片人或是总编导也同时兼任导播一职。这一方面反映了导播在现代电视节目制作中的重要地位，另一方面也说明了导播工作应当全方位地渗透到节目完整的制作过程中。在这种情况下，导播不但需要在整体上把握和设计节目内容，而且还需要精通转播技术，并拥有丰富的工作经验。但是，从另一个角度来看，导播身兼数职在某种程度上也会损害导播工作的专业性（详见本章第五节）。因此，在实践中，我们需要灵活掌握导播工作的“度”的问题。

第二节　导播工作的任务、团队与流程

在上一节中，我们已经简要谈了导播在演播室节目制作中涉及的工作内容。在这一节中，我们将继续深入探讨这个话题，具体介绍导播工作的任务、团队与流程。

一、导播工作的核心任务

在现代电视节目生产过程中，导播应当参与到各个制作环节中去，但这并不意味着导播应当而且可以大包大揽。现代社会的分工生产制度决定了导播作为一个工种必然有其核心的工作内容。那这个核心的工作内容是什么呢？换句话说，如果我们评价某人是一名水平很高的导播，那他的水平主要体现在哪些方面呢？总

体而言，导播核心的工作内容可以总结为画面的现场调度与现场剪辑。

（一）画面的现场调度

在 ENG 电视制作方式中，我们要求单台摄像机进行多景别、多角度的拍摄，其目的不但是为了使拍摄出来的画面可以按照最基本的剪辑规律在后期进行组接，更重要的是为了艺术性和创造性地完成对拍摄对象的描绘和刻画，从而为观众呈现出兼具观赏性和艺术价值的电视画面。在多讯道电视节目制作中，我们在演播室内架设多台摄像机同时进行拍摄也是为了达到这个目的，只不过拍摄需要在连续的时间流中不间断地完成。这就对导播提出了很高的要求。在摄像团队的配合下，导播需要连续地发出指令，调度各个机位的摄像机，完成表现拍摄对象的艺术创作任务。一般而言，导播的画面调度任务主要包括以下层次：

- 确保每个机位拍摄画面的基本技术指标合乎标准（焦点、曝光、白平衡）；
- 调度每个机位的拍摄对象；
- 调度每个机位的拍摄方法（构图、景别、角度）；
- 调度镜头，使镜头组接符合最基本的剪辑规律；
- 调度镜头，使镜头组接产生一定的艺术效果；
- 与摄像师进行沟通，并根据情况调整调机方案。

（二）画面的现场剪辑

多讯道电视节目制作最大的挑战可能来自要对拍摄对象完成现场同步的剪辑。当然，现在很多演播室节目在现场录制时可以有几台摄像机同时录制视频信息，因此导播只需要在现场完成一个同步的“粗剪”工作即可。在这种情况下，导播的现场切换可以相对“粗放”一点，不需要严格地按照成片标准剪辑得非常细致。这样做的目的是方便后期负责精剪的剪辑师对画面进行精细的修饰。但是大多数情况下，拍摄对象不会为我们进行重复表演。如果是直播节目，那机会真的就只有一次。因此，导播需要在调机的基础上快速完成画面的合理组接。这项任务的挑战是巨大的，因为导播需要选择的视频信号来源很多，而且还需要考虑画面的组接方式。例如，如果导播希望 1 号机和 3 号机拍摄的画面通过叠画（mix）来过渡的话，那么他就需要事先调整好两台摄像机拍摄的画面，并通过切换台提前准备好两个叠画的画面。一般而言，导播的画面现场剪辑任务包含以下层次：

- 确定并选择画面组接的方式，包括切（cut）、叠画（mix）或划像（wipe）等；
- 根据调度好的画面进行预备选择，思考接下来准备用哪一个画面以及准备好做叠画等特技效果需要的画面；
- 切出或完成特技效果组接。

二、导播团队

现代电视节目制作是一个需要多工种共同参与、相互配合完成的集体活动。随着电视节目内容、形式和技术的日趋丰富与复杂，整个电视节目制作团队变得越来越庞大，分工也越来越精细。优秀的电视节目离不开团队成员之间的完美配合与通力合作。因此，各个岗位的工作人员除了精通本职工作外，还要对其他岗位的工作有一定的了解，这是实现团队完美协作的重要基础。对于作为团队核心的导播来说，他更需要对各个岗位的工作职责、内容和特点有较全面和深入的了解。

一般而言，如果从导播工作的角度对电视节目制作团队进行岗位划分，首先会有一个"核心团队"的概念。这个核心团队的工作岗位一般包括总导播、助理导播、现场导播、切换导播、字幕导播、音响导播、摄像师和灯光师。这些工作岗位上的人员之所以组合成为核心团队成员，首先是因为他们都承担着演播室节目录制中最重要的工作，比如画面的拍摄与剪辑、声音与字幕的制作等。其次，他们的工作之所以重要，还在于他们彼此间配合与协作的默契程度直接决定了节目录制的最终水平。目前，在国内的电视行业中活跃着不少有实力的导播团队。这些团队往往都是由一位优秀的导播和几名摄像师组成的，有的团队还会加上现场导演或助理导播等。这些工作岗位上的人员由于长年在一起合作，对彼此的性格甚至是兴趣、爱好都十分了解，在不断的磨合过程中达到了较高的默契程度，从而提升了整个团队的制作水平。

图 1-1　正在进行节目录制的导播团队

（一）总导播（Director，缩写为 DIR）

导播的职责和地位实质上与传统意义上的电视节目导演十分接近。因此，在实践中，导播也会被称作导演，比如字幕导演或音响导演等。总导播实质上就是一档电视节目的总导演，他主要负责整个节目的艺术面貌、风格和水准。一般而言，在与节目制片人就生产计划和方案以及与节目总编导就内容创意和形式设计进行充分的沟通和协商之后，总导播应当就舞台设计、机位设置、剪辑方案、灯光音响设计、技术方案以及演员表演等提出全面的构想与详细的方案。当然，这一构想和方案的提出，需要以和各岗位工作人员进行充分、有效的沟通为基础。

在节目录制的整体构想与方案制定完成之后，总导播需要对方案的实施进行统一的组织、调度和协调。在节目的具体录制过程中，总导播的主要职责是对机位和镜头进行调度，所以有时他也被称作“调机导播”。如果不是太复杂的节目，总导播在调机的同时还可以兼任切换导播。

对于一些大型节目的录制或现场直播，我们有时还会设置二级甚至三级总导播。以大型田径运动会的转播为例，我们可以根据同一比赛场地内的不同运动项目来制定两级导播方案。所有径赛项目都设置一个一级导播，专门负责径赛项目画面的拍摄和剪辑；而田赛项目则可以进行更为精细的分组，如跳远、铅球和跳高等项目都可以设置一级导播。这些一级导播切出的画面信号最终汇总到二级导播（总导播）那里。二级导播会根据赛程的安排综合考虑插播广告、演播室画面等因素，选择和安排一级导播提供的信号进行播出。而对于时下比较流行的大型真人秀演播室节目而言，二级导播可以根据选手和导师来确定。较为通行的做法是，一级导播主要负责调度若干个机位拍摄导师，并形成一路一级导播画面信号提供给二级导播；二级导播主要负责拍摄选手，并且处理一级导播提供的导师画面信号，以表现导师与选手之间的交流。多级导播方案的最大优势在于可以通过任务的“先分工、再集中”，处理更加复杂的拍摄对象和内容，而成功的关键则在于各级导播之间的配合与默契。

（二）助理导播（Director's Assistant，缩写为 DA）

助理导播在导播团队中的地位也十分重要，从某种意义上说，助理导播要能胜任总导播需要完成的所有工作。总导播由于在节目录制过程中需要负责和协调的任务较为庞杂,所以和助理导播之间进行任务分工,因此,助理导播具体的工作内容也会随着总导播的角色变化而有所不同。一般而言,助理导播需要负责以下工作:

- 修订导播工作方案和台本;
- 把控节目整体的录制流程与时长;
- 制定助理导播工作台本;
- 临时画面切换;
- 场记;
- 协助导播监控和调整视频(光圈控制)、灯光与音响;
- 协助导播调度摄像机位(更多地负责准备口令、把控构图焦点等);
- 协助导播与其他工作岗位人员进行沟通。

(三)现场导播(Floor Manager,缩写为 FM)

现场导播,常被称为"现场导演",是整个导播工作团队中十分特殊同时也十分重要的一个岗位。说其特殊,是因为现场导播的工作成果不像其他工作岗位一样能那么明显地呈现在观众面前,他们更多时候是作为"幕后英雄"在团队中默默地奉献;说其重要,是因为现场导播主要是作为总导播的"现场代言人"出现在演播现场的,其主要职责是将导播的指令传递给现场没有配备通话设备的演员和工作人员,因此,很多人形容现场导播就是总导播在演播现场的"耳朵""眼睛"和"嘴巴"。一般而言,现场导播主要负责以下工作:

- 将导播的指令传递给现场没有配备通话设备的演员和工作人员,同时负责传递反馈信息;
- 调度和指挥现场演员、工作人员进行彩排与节目录制;
- 负责演播现场的整体工作状态;
- 调度与安排现场观众;
- 鼓励与调动工作人员的情绪和状态,协调各岗位人员的相互配合。

现场导播实质上是一项很难做的工作,因为有太多琐碎的细节和要求,因此,要想成长为一名优秀的现场导播需要长时间的经验积累。由于篇幅受限,此处无法进行全面而详尽的论述,仅列举一两点帮助我们了解现场导播工作的“细节”。

“倒计时”可以说是现场导播最重要的工作任务之一。一般而言,在节目开始和结束、插入一段视频或采访结束时都需要进行“倒计时”。关于到底进行多长时间的“倒计时”并没有严格的规定,10 秒或 5 秒都是常用的时间长度。但需要切记的是,当演播现场的声音开始被录制(节目开始或是插入视频结束)前 3 秒钟时,整个演播室(包括现场导演本人)必须保持绝对安静。所以,对于现场导播来说,会使用清晰、标准的手势是十分重要的。[①] 一般而言,较为通行的 10 秒倒计时手势是让双手十指张开,然后依次合上用以代表每一秒钟的流逝。在最后一秒走完后,手臂再做一个明显的挥动,以示意全体演员节目正式开始。

现场导播需要对工作台本和流程十分熟悉,甚至包括具体的指令细节。此外,现场导播在节目录制过程中还需要具有一定的预见性。这两条之所以重要,是因为现场导播必须清楚总导播会在什么地方发出“提示”的指令,他必须在指令发出之前就已经做好手势的准备。否则,即使反应再快,等指令发出之后才想起要做手势还是会有一定时滞的。

现场导播的站位也很重要,因为需要确保演员在维持正常视线方向的同时能看到现场导播提示的手势,同时还不能碰到摄像机或者不能阻挡摄像机拍摄画面。

现场导播需要学会将总导播复杂的指令用最简单的语言传递到现场,有时还得成为总导播和现场工作人员之间的“润滑剂”。也就是说,现场导播最好不要把总导播的负面情绪传递给现场的工作人员,巧妙而富有艺术性的说话方式可以有效地提高团队的合作效率。

(四)切换导播(Vision Mixer,缩写为 VM)

切换导播,顾名思义,主要负责画面的切换与组接工作。画面切换和组接的依据主要有两个:一是严格根据事先制定和彩排好的工作脚本来进行讯道画面选择和切换、特技字幕使用、音视频插入等。在这种情况下,无论是节目内容还是摄制方案,都必须严格执行事先制订的计划,因此,切换导播自由创作的空间很小。二是事先有一个大致的方案,但是具体的画面切换则需要导播临场决断。例如,就演

① 虽然演员可以选择佩戴“对讲”设备从而接收来自导播团队的指令信息,但很多演员也会觉得这样会使他们的表演分心。

播室访谈节目而言，事先就有完整、详细的工作脚本几乎是不可能的，导播必须根据现场谈话内容和节奏决定画面切换方式。如果总导播和切换导播合二为一，那么，切换导播就得对调机和切换全权负责，也就是一边口中要发出调机指令，一边手上还要完成切换；如果总导播和切换导播分别由不同的人担任，那么，一般情况下，总导播主要负责调机，切换导播则根据总导播调度出来的画面进行切换。在这种情况下，总导播和切换导播分工合作的方式比较灵活。如果切换导播是一个新手且节目的内容节奏比较缓慢，那么，总导播有可能就会在完成调机的同时对切换导播下达每一个画面的切换指令。此时，切换导播只要根据总导播的切换指令进行画面切换就可以了。大多数情况下，总导播和切换导播分别负责调机和切换，但在录制过程中，根据具体情况，总导播可以对切换导播下达切换指令，而切换导播也可以帮助和提醒总导播进行调机。这种分工方式要求总导播和切换导播之间必须心有灵犀，即双方都认同调机和切换的节奏。例如，什么时候总导播需要下达切换指令、什么时候可以暂停，完全依靠彼此间的默契。我们以下面一段指令来说明这种情况。

图 1-2　从左至右分别为助理导播、切换导播和总导播

假设总导播和切换导播正在调度四个机位（三个固定机位，一个摇臂），对一组演播室访谈进行录制，并且此时正在用 2 号机以全景拍摄全体演员。接下来，总导播说了这样一句指令："3 号，给嘉宾 1 近景。"这样一句指令并没有明确指出下一个镜头该用几号机以及切换的时机。但是，总导播在这句指令中只对 3 号机进行了调度而没有理会 1 号机和 4 号机，因此切换导播应当理解总导播下一个镜头是希望使用 3 号机。然后，切换导播需要做的就是等 3 号机镜头到位后，根据谈话的节奏掌握切换至 3 号机的时机。再接下来，总导播又发出指令："谢谢 3 号，切 1 号。"在这句指令中，总导播很明确地下达了切换指令。这是由于在使用 3 号机画面时，总导播并没有进行下一步的调机动作，也就意味着他认为 1 号机、2 号机和 4 号机都处于可用状态。但是，如果总导播对于 1 号机、2 号机和 4 号机三个机位画面的使用有偏好的话，他就需要及时下达切换指令。此处即是这种情况。当然，总导播也可以不下达切换指令，那么，切换导播就可以根据自己的理解来选择使用1号机、2号机和4号机三个机位画面中的任意一个。

总之，总导播和切换导播在画面切换指令与动作上的默契需要经过长期的合作来慢慢养成。在这一过程中，无论是总导播还是切换导播，都要养成一个良好的习惯：任何时刻注意力都要保持高度集中，持续对正在使用的画面和下一个应当使用的画面进行思考。长此以往，总导播和切换导播都会对彼此的镜头使用风格和偏好有所了解，然后慢慢形成默契。最终，双方在画面切换指令与动作配合方面的效率会越来越高。

（五）字幕导播（Character Generator，缩写为 CG）

字幕导播专门负责节目中各种字幕、图形图表和动画效果的设计与添加。如果分工更精细的话，还可以进一步分为字幕设计师（Character Designer）和图形设计师（Graphic Designer）。与演播室节目制作团队中的其他工作岗位相比，字幕导播可能需要在节目录制的前期和后期投入更多的精力和时间。在节目录制的前期，字幕导播需要根据节目的整体设计完成大部分字幕、图形和图表的制作工作。图形设计师可能还需要反复和置景工作人员进行讨论，协调图形和背景的配合问题。当然，如果是录播的节目，字幕导播可以选择在后期完成所有的工作。但是，优秀的字幕导播必须具备在节目录制过程中添加字幕的技能。尤其是对于直播节目来说，在直播过程中，字幕导播要和总导播紧密配合，精确地掌握每一条字幕、每一个图形的添加时机以及其在画面中的位置。无论将工作重心放在节目制作的哪一个阶段，字幕导播都需要细致、认真。

（六）音响导播（Sound Director）

音响、音乐制作在演播室节目制作中同样具有十分重要的意义。从广义的角度来说，音响导播应该包括负责创作、编配和合成的音乐编辑，负责现场声音拾取的录音师以及负责操作音频切换台来进行声音录制、音乐回放、音质和音量控制的音响师。对一些规模较小的演播室节目而言，尤其是语言类演播室节目，这些工作可能都由一个人统一负责，我们可以称之为“音频师”。

一般而言，对于规模不大的语言类演播室节目，音响导播的主要工作包括：

• 确定声音的来源与录制音频轨道的分配（可以根据演员类型决定音频轨道的分配，比如，主持人与嘉宾的声音分别进入不同的音轨）；

• 话筒的安装与声音的调试（根据演员的数量和类型决定有线或无线话筒的数量与分配、帮助演员佩戴话筒并提醒注意事项、对演员的话筒和声音依次进行独立调试）；

• 声道的选择、音质与音量的控制（与声源相配合进行声道的选择与开关，平衡各声道之间的音量、音质，避免声源之间的干扰，回放与还原声音素材）。

在这些工作中，话筒声音的调试需要引起我们的注意。一般而言，如果没有安排彩排，音响导播必须在节目正式开始录制之前对话筒进行严格的声音调试。现场导播先协助音响导播让演播场地保持安静，然后演员依次进行独立的声音调试。这个时候，演员需要保持和正式录制时完全一样的位置和姿势，而且要模拟正式录制时讲话的状态。话筒调试时，切忌故意压低或调高声音，或者是对着话筒吹气。如果实在不知道说什么，就从数字 1 数到 10。音响导播根据测试声音，指导演员调整话筒的位置和说话声音的大小。

（七）摄像师（Camera Operator）

摄像师在导播团队中的地位不言而喻！实际上，我们常说的导播团队的配合与协作最主要的就是总导播与摄像团队之间的配合与协作。因此，对于负责演播室节目录制的摄像师而言，不但要有过硬的单机拍摄经验和技术，还要培养良好的团队协作意识。这种协作不仅发生在摄像师与导播之间，也发生在摄像师之间。一个有着良好协作意识的团队，需要具备相互了解彼此工作特点与习惯的能力。所以，摄像师在很多时候不需要导播下达指令也能知道下一个应当拍摄什么画面，或者在一些突发情况下，即使导播来不及对所有机位进行调度，摄像师也能自行完成任务的认领并完成任务分工和相互补台。所以，如果我们对导播核心团队进行充分的简化，那么最后就应该由一名导播和几名摄像师组成。

演播室节目摄像师进入工作岗位的第一件事就是把摄像机移动到指定的机位区域。在一个专业化的演播室里，摄像机一般都会被放在靠近导播间的那一侧的墙边上。摄像师的第一件事就是打开脚架的滚轮锁定器，然后将摄像机推向指定区域(最好有一个摄像助理,这样可以一个人推机器,一个人负责牵线)。在这个过程中,摄像师要注意最好不要碾压地上的电缆,同时也要注意电缆的长度和线路;要根据自己机位活动范围的需求保留线缆的长度,同时各个机位之间的线缆要避免相互缠绕和影响。

在到达机位的指定位置之后,摄像师要打开电源检查摄像机的工作状态,然后打开各锁定器调节摄像机的高度,并测试摄像机平、摇、俯、仰运动的阻尼。有经验的摄像师还会调节手柄和寻像器,以寻找最适合自己的拍摄姿势。对寻像器的亮度和对比度最好也要进行调节,很多有经验的摄像师会把亮度调得稍微低一些,这样可以防止拍摄过亮的画面时损坏寻像器。在寻像器的顶端有 Tally 指示灯,当该机位的画面被导播使用时,该指示灯就会亮起。这对于该机位的摄像师以及现场的演员来说都是非常重要的指示和提醒。对于摄像师而言,如果在录制过程中,自己机位的 Tally 灯亮起,无论现在处于怎样的拍摄状态,都要明白自己拍摄的画面正被传送到观众面前。因此,摄像师要尽量保证拍摄对象、构图和焦点的完美。如果恰巧有一些瑕疵,也应当慢慢地调整,而不要把所犯的错误很明显地暴露在观众面前。

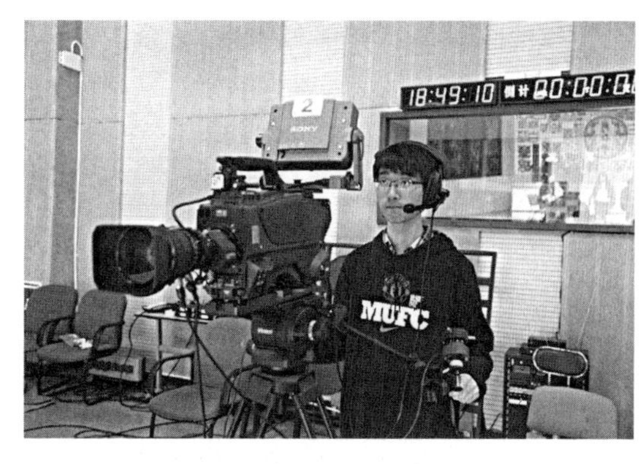

图 1-3　正在拍摄中的摄像师

接下来,摄像师还需要和导播一起测试通话系统,这时需要注意的是千万不要忘记调节耳麦的音量,否则就会出现摄像师一直和导播抱怨听不见的尴尬情况。当然,该通话系统实际上主要是用来让导播给摄像师下达指令的,而不是摄像师和导播之间的“对讲机”。所以,摄像师应当集中注意力听清楚导播的每一条指令,除非确有需要,否则尽量减少和导播之间的对话。而且在录制过程中,摄像师最好把与导播进行通话的音量调至最小,否则来自现场的各种声音会进入通话系统,形成严重干扰。

在实际的拍摄过程中,摄像师只需要控制焦点和构图,而曝光则是由导播间的视频工作人员负责的。这就需要摄像师有过硬的基本功,诸如“视线留白”“天头留白”这一类最基本的构图准则是每一位摄像师都需要遵循的。至于具体拍什么,摄像师可以根据导播的要求或是严格执行分镜头工作台本以及最基本的镜头序列(详见第三章),或是临场根据导播的指令,或是根据自己的想法和判断自由发挥。但无论如何,摄像师都要明确导播是整个创作团队的灵魂这一事实,在拍摄中尽量体现和预判导播的意图才是最重要的。

当节目拍摄完毕后,摄像师需要把摄像机移至指定的位置,关闭电源,锁死各个锁定器,盖上镜头盖,最后收好电缆线。

(八)灯光师(Lighting Director)

在演播室节目制作中,灯光师的工作和两个部门的关系最为密切。首先,灯光师需要和美工部门合作,用灯光参与整个舞台和场景的设计与塑造。在这里,灯光对整个空间的意义不仅仅是外形的展现,更重要的是氛围的烘托。其次,灯光师还需要和摄像师共同协商,完成对场景内主体景物以及演员的光线造型设计。具体来说,对于演员,灯光师要设计好主光、辅光和轮廓光;对于主要的景物,例如茶几、装饰物、节目 Logo 等,要设计好主光或造型光;对于主要的背景景片,要设计好背景光等。

根据设计和协商好的照明方案,灯光师接下来需要调试演播室的灯光设备。这个工作一定要提前进行,因为布光和调试设备往往要花很长时间。例如,由于灯具的数量较多,各个光源叠加和互相影响,很容易产生影子。消除影子的工作极具挑战性。如果预算实在不够,在彩排时进行布光也是可以的。所以,很多照明部门都单独配有对讲系统,这样可以保证他们在不干扰其他部门的情况下和导播间保持联系。

一般而言,现代电视演播室的灯光设备基本可以满足大部分节目制作的要求,而且照明设备基本都是固定在顶棚的各种灯具。对于灯光师来说,只需要调节这些棚灯的高度、角度和照度等就可以了。但是,灯光师也可以做些简单的补充,比如添加柔光纸或各种色纸。在和摄像师共同确定好所有光线造型后,接下来灯光师还需要在节目录制过程中通过调光台随时对灯光进行调节。这既包括根据灯光设计方案对灯光进行的各种调节,也包括录制过程中因为各种突发需求,比如曝光调节等而做出的临时调整。无论是哪种情况,通过灯光师的布光以及视频工作人员相应的调整后,所有单机画面在明亮度、对比度和色彩平衡上都应该达到一个合适的水平,同时所有机位的画面在曝光和色彩上应相互匹配。

三、导播团队的工作流程

在明确了导播团队各个岗位的工作职责后,我们对整个团队的工作流程已经有了初步的认识。接下来,我们将对导播团队的工作流程做一个较全面和详细的介绍。

(一)导播策划阶段

在现代演播室电视节目制作中,导播的地位已经越来越重要,很多节目的导播往往就是导演团队中的成员,甚至是总导演。这也意味着演播室节目的摄录工作对节目的内容和形式已经产生了越来越重要的影响,拍摄、切换、照明和舞美等方面的艺术创意与技术实施可行性往往是节目内容、形式设计的重要基础和参考。因此,导播团队应当参与节目策划与创意的全过程,而不仅仅是完成对节目的记录工作。

节目的策划与创意是需要在考察演播场地时进行的。在行业中,虽然很多节目组都是在完成了所有策划与文案后才开始四处寻找演播场地,但如果最终的场地条件无法完全满足节目策划方案的要求,那么还得对节目方案进行修改和调整。首先,场地的面积(包括长宽比和高度)会对景片的设计、演员的位置安排、场面调度、观众席的设置以及机位的设置产生重要的影响。其次,节目组在考察演播场地时还需要全面了解场地的技术条件,包括视频摄录系统、灯光设备、音频设备等。如果场地的技术条件不能完全满足节目制作的需求,那么技术团队就要和场地的技术管理人员进行沟通,共同完成相关技术设备的补充和调整方案。

(二)导播准备阶段

在节目策划方案以及场地考察完成以后,整个导播团队就可以开始分岗位进行相关准备工作了。技术部门要根据摄像、音视频等创作部门的需求,确定相应的导播技术方案和清单。而导播核心团队则需要共同完成导播工作脚本的制定。导播工作脚本并无严格的内容与体例规定,一些内容简单而又制作成熟的节目甚至没有常用的工作脚本。一般而言,导播工作脚本应当包括以下内容:节目基本信息、职员分工表、机位图、导播方案阐述、节目流程单和分镜头表。

以节目流程单为例。首先根据节目内容和演员调度上的变化，对整个节目做“段落化”处理，也就是把节目内容分成一个一个的段落。对于文艺节目而言，一个段落就可以是一个节目；而对于演播室访谈节目而言，段落可以是主持人的开场、视频短片的插播、访谈的不同话题甚至是不同的嘉宾等。然后，节目流程单需要对每一个段落的内容做提示性的介绍，明确各个岗位的工作内容，同时还需要指出段落与段落之间的衔接方式。这样，各个岗位的工作人员在拿到节目流程单后，就会对自己在整个节目录制过程中的具体工作内容有一个全面而详细的了解。

有的节目还会制定详细的分镜头表，也就是从头至尾对所有机位的每一个镜头都做详细的规定。摄像师在节目录制过程中只要严格执行“规定动作”即可。分镜头表对于那些内容脉络十分清晰的节目是有用的，例如情景剧的拍摄或者是有大量时间进行带机彩排的节目。如果能够严格地执行分镜头表，就可以在很大程度上缓解导播的压力，也可以在一定程度上帮助那些经验还不是很丰富的摄像师。但是，从另一个角度来说，分镜头表也具有比较死板的缺陷，在实拍过程中有时会干扰摄像师与导播之间的配合。分镜头表的另一种替代方式是镜头序列表。在镜头序列表里，导播只需要列出每一个机位所负责拍摄的对象以及主要的镜头参数即可。在这里，镜头参数主要指景别、角度和镜头运动方式。实际上，镜头序列表比分镜头表在实际工作中有着更为广泛的应用。因为镜头序列表既体现了导播对镜头拍摄的构想和设计，同时又给了摄像师一定的自由创作空间。

在技术清单和导播工作脚本制定完成之后，导播团队需要分别和所涉及的创作部门进行对接。一方面，导播团队需要向各个岗位的工作人员传递和解释这些方案中的细节；另一方面，也要听取他们的意见和反馈，从而完成对技术清单和工作脚本的最终修订。

导播准备阶段的最后一项工作是彩排。一般而言，需要先进行不带机彩排，也就是在不进行实际录制的情况下尽可能地还原节目内容与录制过程。在这个阶段，景片的制作与灯光效果设备的调试已经开始，这样演员就可以在一个接近真实的环境中进行排练。当然，如果这些条件还不具备，通常的做法是先用地贴大致标出景片和道具的位置。演员的排练是这个阶段的重点工作，因为演员的站位、行动路线、动作等都会对包括摄像、灯光和录音在内的很多岗位产生影响。一方面，导播团队需要根据演员表演的实际情况修改工作脚本;另一方面,演员也需要在这个阶段和导播、摄像反复地沟通,以寻找“镜头感”,并明确和摄录工作相配合的一些细节。在这个阶段虽然不正式开机录制,但各个岗位的工作人员都需要到场,因为这是一个了解和熟悉节目内容的机会。实际上,在这个阶段,导播团队往往会对技术方案和导播工作脚本进行较大幅度的修改。

在上述这些工作都基本就绪以后,就可以进行带机彩排了。带机彩排十分重要,从某种意义上说,带机彩排的工作内容和要求已经接近甚至等同于最后真正的录制了。因此,如果可以,一般要求所有岗位的工作人员都参与带机彩排,进行最后的排练和磨合。如果前期各个岗位的工作都准备得很充分,那么,带机彩排也会进行得相对顺畅。虽然处于彩排阶段,但为了节约时间,带机彩排尽量不要频繁地中断。对于一些需要调整和修改的地方,助理导播可以先记录下来,回头再与各个部门进行协调和沟通。所以,很多过程顺利、录制完美的带机彩排甚至可以作为播出节目来使用。当然,这并不意味着带机彩排一定要反复进行以达到完美的境界。对于成熟的团队来说,带机彩排过程中一些需要调整的细节完全可以留到正式的录制过程中去解决。

(三)导播制播阶段

在所有准备工作结束以后就可以进入正式的制播阶段了。一般而言,无论是从提高场地设备利用效率、方便人员日程安排,还是从保持人员工作状态的角度来说,准备阶段和正式的制播阶段最好不要相隔太长时间。因此,很多节目都是白天进行最后的彩排,当天晚上就完成正式的录制。

最后的制播工作可以分为录播、备播和直播三种形式。录播是指节目提前录制完毕,然后安排在某一时间正式播出。虽然这中间还有后期编辑的环节,但对于一些较简单的演播室节目,要尽量保证在录播阶段就将各项工作保质保量地完成。这样,后期再进行一些简单的字幕添加或画面修补工作即可。当然,现代电视节目内容形式变得越来越复杂,再加上场地和人员方面的各种限制,准备和彩排工作进行得不够充分,在正式的录播过程中出现各种失误和差错是难免的。因此,现在很多演播室节目的录播都是分段进行的,然后后期再组接在一起。还有一种情况是,录播阶段导播在现场只是对镜头的调度和画面的切换完成一个大框架。这是因为现在可以“单挂”的机位数量越来越多,编导或者专门的后期编辑可以后期再进行十分精细的剪辑工作。很多时候我们都会惊叹于演播室节目画面剪辑的精美、大量出彩的反应镜头、稍纵即逝的细节镜头以及快节奏的衔接,而这些只靠现场切换是很难完成的。

备播和直播是一对孪生兄弟。备播实际上就是为即将直播的节目制作备播带,以防止在直播过程中出现一些难以预料的情况。这个时候,备播节目就可以“以假乱真”地作为直播信号被传送到千家万户。因此,备播在录制方式上和录播并无太大差别。

第三节　导播工作的价值与意义

现在,我们已经比较全面地了解了导播在多讯道电视节目制作中所承担的主要工作。这为我们进一步认识导播在现代电视节目制作中的价值和意义奠定了一定的基础。那么导播工作到底具有怎样的价值和意义呢?我们应当从电视节目和电视工作者两个方面来认识。

一、对电视节目的价值与意义

(一)成败在此一“刀”

我们已经知道多讯道电视节目制作很多时候都是在“准直播”或“直播”的状态下完成的。这就意味着导播对每一个镜头的调度、每一次画面的选择和切换都要在一瞬间完成,很多时候来不及思考,更没有机会从头再来。因此,导播每一次的切换选择对于一档节目来说意义都十分重大,会直接影响一档节目的成败。我们常说成败在此一举,而对于导播来说就是成败在此一“刀”!当然,这切下去的每一“刀”也可能会有很多失败的情况。一般而言,我们可以把它分成漏切和不切两种情况。

所谓漏切是指错过了一个本来应该呈现给观众的重要画面。这个定义往往是从传递完整和重要信息的角度来考量的。例如,我们正在录制一场精彩的魔术表演。

当魔术师手持一件道具正在向观众展示这件道具的某个细节的时候，某一个机位的摄像师机敏地用特写镜头捕捉到了这个细节，但是导播可能因为各种原因没有切到这个机位而使用了一个大景别的画面，我们就把这种错误称作"漏切"。导播对视听语言的创作规律掌握得不扎实或者是技术经验还不够丰富是造成这种错误的原因。

导播对节目信息传递的创作规律以及观众的收视期待和心理认识不够也是造成漏切的重要原因。举个简单的例子！2001 年 7 月 13 日，国际奥委会第 112 次全会在莫斯科举行，对 2008 年夏季奥运会的举办城市进行了最后投票。当时任国际奥委会主席的萨马兰奇先生走向主席台准备宣布最终的投票结果时，在电视直播中我们看到镜头始终对准了萨马兰奇。萨马兰奇在主席台前首先感谢了为奥林匹克运动做出贡献的人们，然后他打开信封准备宣布投票结果"第 29 届夏季奥林匹克运动会的举办城市……"就在此时，观众却发现画面已经叠画至正焦急等待的各申办代表团。接下来，画外音响起了"北京"二字，而画面内则是欢呼雀跃的北京奥运申办代表团的团员们。对于导播的这一切换选择，相信很多人会持不同的意见。也就是说在这一重要的历史瞬间，导播到底应该为我们留下哪一幅珍贵的画面呢？我相信大部分人都会觉得"北京"这两个字从萨马兰奇嘴里脱口而出的那一瞬间更加激动人心、更加令人期待，也更加弥足珍贵。但遗憾的是，这样一个重要的画面因为导播在认识上的差异而被漏掉了。

如果说漏切的发生是因为导播的技术和意识不到位造成的话，那么不切的错误则是由于导播违反了信息传播的客观公正原则。相比于漏切而言，这种错误更加不能让人原谅。在 2003 年女排第 9 届世界杯决赛的转播中，当中国女排最终以 3∶0 击败东道主日本队时，导播长时间没有给夺冠后的中国女排队员一个镜头，而是一直将镜头对准落寞失望的日本队队员。这样的镜头切换选择令电视机前的中国观众无比气愤，更重要的是违反了新闻传播客观公正的原则。导播工作的价值在此刻体现无遗。当然，"切"与"不切"的选择有时还必须考虑到新闻伦理问题。例如，在一场体育比赛的直播过程中，场上球员之间突然发生了严重的冲突。这时从满足观众信息知情权的角度来说，导播应当将镜头对准正在发生激烈冲突的队员。但从另外一个角度说，将充满暴力的场面呈现给观众是否合适，确实需要导播仔细斟酌。

(二)是导演而不是切换

多年来,电视行业里一谈到导播,人们就会把它归结为一个技术和熟练工种。对于很多类型的电视节目而言,导播工作都有很强的规律性可循,时间长了就被认为只是在不断地重复劳动。于是,很多人会认为导播工作就是负责画面切换,是一个纯技术活,没有什么艺术创造性可言。所以,长期以来,在我国电视行业以及相关电视专业教育中,导播工作的重要性一直没有得到应有的重视。但是在上文中我们已经认识到,在现代多讯道电视节目制作中,导播的工作范围已经不仅仅局限于切换了,在很多时候导播可以甚至也应当成为一个节目的导演,也就是节目的灵魂和核心。因此,无论是从工作性质还是工作职责上来说,导播都是十分重要的。

近年来,各种大型演播室电视节目席卷我国电视荧屏,以《中国新歌声》《非诚勿扰》《我是歌手》等为代表的各类真人秀节目成了传统电视在新媒体传播时代一个重要的增长点。当这类节目刚刚开始在荧屏上崭露头角的时候,很多电视制作单位突然意识到一个优秀的导播对这类节目的制作来说太重要了。现场数十个机位的调度和切换,人数众多的演员、嘉宾和观众以及既复杂又精彩的节目内容,这些都需要一个经验丰富、技术艺术水平高超的导播来驾驭。于是,很多此类节目在最初的时候都是从香港或台湾地区聘请导播前来助阵。可以肯定的是,随着电视节目制作水平的不断提高以及节目类型内容的不断丰富,未来电视节目制作将会对导播工作提出越来越高的要求,导播工作的价值和意义也将日益凸显。

二、对电视工作者的价值和意义

本书的开头已经提到现在电视传媒学子普遍缺乏对导播工作的了解,他们大都认识不到在读书阶段学习导播相关课程的重要性以及将来走进电视制作单位后这一行当可能带来的价值。

在现代电视节目制作中,导播在某种意义上就相当于电影制作中的导演。在理论知识层面,导播不仅需要精通影像语言,而且还需要对灯光、音响、舞美等其他专业有较深入的了解。因此,有关导播的专业课程一般都在本科高年级阶段开设,也就是说学生必须在系统学习了电视影像语言的核心知识(主要是画面拍摄和剪辑)之后再来学习这门课程。在教学中,导播课程不但需要强化对学生实际动手能力的训练,而且必须对学生已学的相关视听语言知识进行总结、深化和拓展。从这个意义上来说,导播课程的开设对于电视相关专业来说是十分必要的。而对于学生来说,导播课程是对他们电视专业相关知识学习的一次再拔高,而且和实践环节也有紧密的结合,意义不言自明。

在走出校园之后,相对主持人、记者和编导等岗位,虽然导播身处幕后,但一样有着自己特殊的魅力。例如,我们反复提及的导播在现代多讯道电视节目制作中的核心地位、当前我国电视行业优秀导播的短缺等。此外,还有很重要的一点是,在某种程度上导播工作的特殊方式决定了其对于个人来说是非常有吸引力的。我们相信凡是做过导播的人都拥有过这样一些情绪和心理状态:紧张、刺激、激动、挑战、满足、有成就感……紧张、刺激和挑战来自多讯道节目同步录制工作方式对导播技术熟练程度和现场反应能力的高要求,而满足感和成就感则来自导播作为整个制作团队的核心角色和对各种“准直播”以及“直播”节目录制的从容应对。这些情感经验往往是电视行业中其他工种难以提供的。因此,导播其实是一个独具魅力的职业。

第四节　导播工作的规律性

导播工作的最大挑战来自其独特的多讯道同步录制方式。这就要求导播不但要对拍摄内容十分熟悉,而且还要具备熟练的操作能力和快速的反应能力。因此,导播工作的门槛相对比较高。但是很多人在入门之后,随着时间的推移会慢慢意识到导播工作的各个方面其实都有规律可循。于是,工作便慢慢得心应手起来。接下来,我们就来了解一下导播工作各方面的规律性,这对我们了解导播工作的核心知识框架,从而达到快速入门的目的是有帮助的。但是也要切记,规律性并不等同于规律化,按部就班和循规蹈矩会严重扼杀艺术的创造性和想象力。因此,一名优秀的导播应当能够在条件允许的前提下不断打破规律,从而开拓新的艺术表现空间。

一、拍摄对象的规律性

多讯道电视节目的拍摄对象大部分都有规律可循。这是为什么呢?因为拍摄对象在大多数情况下都是有着极强的规律性的。这些规律性主要体现在以下三个方面：拍摄场地和空间、拍摄对象属性、拍摄对象的位置和运动。

对于各种类型的演播室节目来说，在一段时间内，演播室整体的空间安排和舞台布置几乎都是不变的。这是因为整个节目的内容设计在某种程度上已经定型了。比如，很多访谈节目是“一对一”还是“一对二”，是由节目定位决定的。因此，不但演播室的空间设计会相对固定下来，访谈嘉宾和主持人的位置也会确定下来。在规模相对较大的演播室综艺节目中，一般还会对空间进行区域划分并将其固定下来，比如有主持人区、嘉宾区、选手区和观众区等。而且不管是选手还是主持人，他们的行动路线一般也会相对固定。最极端的例子是体育比赛。现代体育发展至今，无论是室内还是室外的大部分比赛项目的形式和规则都已经固定下来了。因此，就体育比赛的转播来说，我们在机位设置和画面切换上也早已摸索出一套比较成熟的体系。这就是所谓由拍摄对象规律性决定的导播工作的规律性。如果说场地空间以及拍摄对象的位置和运动都属于拍摄对象的外部规律性，那么还有一种规律性就是拍摄对象内部的规律性，最典型的是音乐类节目。音乐本身是有节拍、节奏和旋律等方面的规律性的，所以这种内部规律性带来的是在画面切换方面的规律性。

二、机位设置和画面切换的规律性

无论是各种类型的演播室节目还是体育比赛，基于场地、对象以及对象位置运动的规律性，我们都可以对其转播做“区域化”的处理。这样，拍摄任务在很大程度上就变成了与这些区域以及区域和区域之间交流互动的一种“反复”的表现。于是，机位设置和画面切换的规则也会随着这些相对固定的“区域”而变得有规律可循。对于访谈节目而言，机位设置主要根据“对象划分”原则和“场景”原则来进行安排。[①] 而在体育比赛的转播中，这种规律性发展到了极致，在某种意义上已经不是“规律”，而是“规则”了。

由于体育比赛从内容到形式都已经相对固定，电视转播工作者经过多年的实践和反复摸索，已经在机位设置和切换规则上找到了最佳解决方案，并达成了共

---

① 郑月.电视节目导播[M].北京：中国传媒大学出版社，2007：117.

识，这也就是我们常说的电视体育节目转播中的“公共信号制作标准”。[①]于是，从奥委会到各单项赛事联合会，都成立了自己的电视转播委员会，专门致力于公共信号标准的制定。例如，国际田联电视转播委员会就认为：“我们已经找到了直播田径赛事的全部最佳摄像机位置。现在对转播商来说最重要的是大多数的观众如何欣赏比赛，而不是如何创新机位设置和镜头切换。”我们来看对一场田径比赛进行电视转播的最基本的机位设置标准方案（如图 1-4）。在图 1-4 中一共有 12 个机位，每个机位的具体位置、镜头配置和拍摄任务都有详细的规定。当然，针对不同的项目，还会有不同的配置，但都遵循相同的规则。

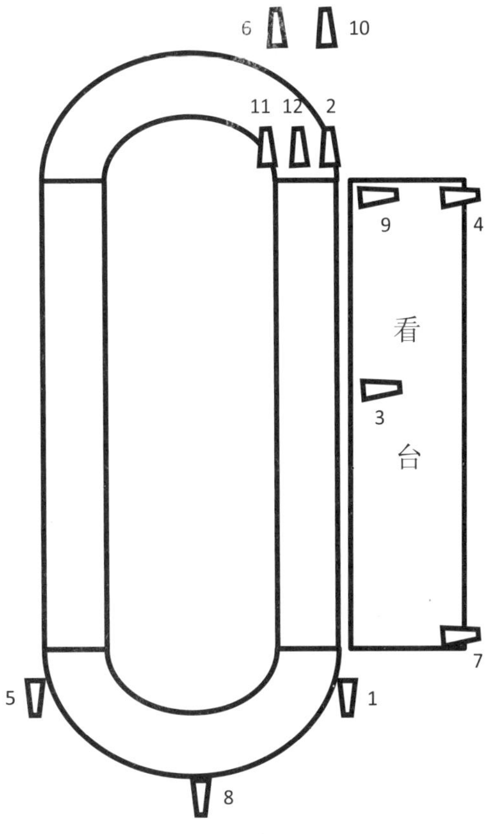

图 1-4　田径比赛常规机位图

电视体育转播公共信号制作标准不但对机位设置做了标准化的规定，而且对画面切换顺序和方式也做了设置。以 100 米跑项目为例，基本的切换顺序如下：

- 8 号机空镜上整屏赛前介绍赛道字幕（叠画）；
- 3 号机负责侧全起点处准备情况；
- 6 号机或 10 号机主要负责运动员特写；
- 1 号机负责低角度侧面准备情况；
- 6 号机、10 号机交叉介绍运动员（腰部以上，带入号码）；
- 3 号机负责侧全；
- 1 号机负责低角度侧全；
- 4 号机全程跟拍比赛全过程；

① 任金州，马国力主编.体育赛事电视公用信号制作标准研究[M].北京：中国传媒大学出版社，2005.

- 11 号机或 12 号机跟拍获胜运动员；
- 10 号机给全景；
- 9 号机负责比赛全过程；
- 6 号机或 10 号机给运动员冲刺正面镜头；
- 11 号机或 12 号机跟拍获胜运动员；
- 8 号机空镜上整屏成绩字幕。

三、规律性不等于规律化

电视导播工作的规律性，是电视工作者对拍摄对象的影像语言进行长期摸索总结出来的。掌握这些基本规律，对保证节目的录制水平是大有帮助的。此外，对于有志学习导播技能的人来说，通过反复钻研镜头和切换的规律性，除了可以了解每一种节目类型导播工作的最基本法则外，还能达到举一反三的效果。在实际学习和应用中，我们要对规律或规则进行深度解读和思考，分清哪些规定可以灵活处理，哪些原则必须严格遵守。

仍以田径比赛的转播为例。一般而言，在 400 米跑比赛的电视转播工作中，有一项规则是"最后 200 米不要进行镜头的切换"。如果对这项规则进行深度解读，我们就会发现，这项具体的规定确实是有道理的。我们将这项规则与实际的比赛转播对照一下。2008 年 8 月 21 日，第 29 届夏季奥林匹克运动会男子 400 米决赛在北京鸟巢体育场上演。在电视转播的画面里，当选手们刚刚转过最后一个弯道进入 100 米冲刺时，镜头突然进行了一次切换。这一"刀"违背了"最后 200 米不要进行镜头的切换"的规定。那实际效果如何呢？图 1-5 和图 1-6 分别记录了位于这次切换前后一帧的画面。我们发现，这两个画面没有遵循最基本的画面剪辑原则。图 1-5 中的运动员已经整体位于画面的右侧，而图 1-6 中他们却"退"到了画面的左侧。这就违反了画面剪辑中"位置匹配"的原则。此外，这两个镜头在景别和角度上也没有明显的差别，又犯了"同景别、同角度"的画面组接错

图 1-5 400 米决赛转播画面截屏 A

误。我们知道,400 米跑属于短距离径赛,选手们的奔跑速度不但快而且彼此都很接近,比赛中排名的变化是瞬息万变的。而最后 100 米又是选手进行冲刺的阶段,选手们相互赶超,很有可能发生关系到最终胜负的位置变化。因此,如果在这个阶段进行画面切换,很有可能出现的情况是在下“刀”的一瞬间,选手们的排名发生了变化。如此,观众将很遗憾地错过这个精彩的瞬间。这项规则是电视体育转播经过长期实践总结出来的宝贵经验,因此,我们在实战中应当严格遵守。

图 1-6 400 米决赛转播画面截屏 B

还有一些规律自身就具有一定的宽容度。在实战中,导播可以根据现场的条件进行一定程度的自由发挥。还以 400 米跑为例。一般情况下,我们要求在从起跑开始到冲刺的全过程中切换不超过 4 次,也就是说,用 5 个镜头拍摄整个比赛过程。但对于这 5 个镜头具体的拍摄手法和剪辑点的位置并没有做严格的规定。这就给导播工作提供了一定的创作空间,可以让其进行合理的自由发挥。

很多类型化节目的导播在寻找到一种比较成熟的导播方案以后,往往会产生“惰性”心理,以至于对规律的运用进入一种僵化和墨守成规的状态,使规律成了艺术创作上的障碍。因此,规律性千万不能等同于规律化。我们应当学会灵活应对导播工作的规律性,时常提醒自己主动探寻打破“规律”的可能性,不断调动和激发自己在创作上的主动性和潜能,在条件允许的情况下,努力开拓电视导播创作的艺术空间。例如,在演播室语言类节目导播的切换工作中,“谁讲话切谁”是常规的做法。这条“规律”不但规定了镜头拍摄对象,而且还对镜头组接方式做出了规定。那么,这条规律可以被打破吗?假设我们现在面对的是一场气氛热烈的谈话。当话语权在谈话者之间快速地转换时,我们是否可以尝试用“甩镜头”来代替传统的“谁讲话切谁”的方式呢?很明显,间或地使用这样一个“甩镜头”,既干净利落,又能凸显谈话的热烈氛围。当然,如果沿着这个思路继续探索下去,我们会发现艺术创作空间还是很广阔的。

第五节 导播的素质与修养

现代电视节目发展迅猛，出现了许多新的内容形式，也对导播工作提出了更多新的要求，电视行业需要更多优秀的导播。那么，导播要具备哪些素质呢？如何成为一名优秀的导播？已经从事导播工作的人又该朝哪些方向努力从而不断提高自己的技能和水平呢？下面我们就来谈谈导播的素质与修养。

一、先天素质

和电视节目制作的其他岗位一样，导播也需要有特殊的素质和修养。对导播工作来说，一个人的先天素质比后天的修养更重要。这就像播音员一样，先天的嗓音条件往往是先决条件。

(一)激情与理性

激情是成为一名优秀导播的首要条件。如果一个人的性格特征是内向、安静、迟钝、刻板、保守，甚至是胆小的，那么他不适合从事导播工作。这是由导播的工作性质决定的。简而言之，激情不但是成为一名优秀导播的先决条件，而且是维持导播艺术工作长久生命力的重要保障。

前文已经提到，现代电视节目的同步录制方式让导播在工作过程中始终处于精神紧张的状态，因此很多人会因为无法适应这种工作状态而败下阵来。但这样的工作状态对很多人来说也充满了诱惑。工作开始前的挑战性和悬念感、过程中的刺激与紧张、工作完成后的成就感抑或是遗憾与沮丧，这些心理状态只有导播工作可以完完整整地拥有，而这些恰恰对很多人来讲是充满魅力的。很明显，这样的人在性格上应该是外向的、富于艺术创作激情和活力的、喜欢迎接挑战和充满冒险精神的。从艺术创作规律的角度来说，只有流淌着激情和感性的血液，才能在导播工作中迸发出艺术的灵感和想象力。

但是，如果一个人的性格因素中只有外放而没有内敛，只有激情而没有理性，那么他也很难成为一名优秀的导播。从这个意义上说，导播应该是一个有“双重性格”的人。导播的理性体现在面对紧张录制气氛时的沉着，面对现场各种突发事件时的冷静，更体现在掌控全局、协调团队时的稳重。相比于激情，导播理性气质的建立更倾向于后天修养，而非先天因素。一个人如果通过勤学苦练从而熟练掌握导播技能，那么当他坐在切换台前时自然就会很有自信。这时，气定神闲与沉着冷静的工作状态就会自然而然地表现出来。

（二）镜头感与想象力

在日常生活中，我们经常听到“镜头感”这个词。这个概念实际上有两层含义，是分别针对拍摄者和被拍摄者而言的。对于导播而言，镜头感是指拍摄者对于通过摄影镜头所拍摄画面各参数的一种感知、预判和把握能力。这些参数包括画面的大小、角度、运动、画幅内被拍摄者的位置与透视关系等。举个简单的例子，用一架配有 50mm 标准镜头的单反照相机去拍摄正在听课的学生，一个具有极佳镜头感的拍摄者，在拍摄前一眼看过去，大致就可以想象出通过这个定焦镜头成像后的画面应该是怎样的，有多少学生会出现在画面里，这些学生的透视关系和虚实关系大致是怎样的。从逆向角度来说，当拍摄者把一定范围内的学生都容纳到画面里来时，他能迅速判断出大致用什么焦段的镜头可以实现预期。这就是镜头感！

但是要注意，一般意义上的镜头感是针对单个镜头或画面的拍摄而言的。对于影视创作来说，镜头感还应当包括时间的维度，即对于多个镜头组接在一起并连续播放出来的整体效果有提前的感知，这实质上是电视画面剪辑思维和能力的一种体现。做过画面剪辑的人都知道，当自己经验和技术还不是很成熟的时候，对于到底采用怎样的画面组合需要反复的实验，因为需要考虑的问题很多。如每个画面应该使用多长时间、两个画面组接在一起视觉上是否流畅、会产生怎样的画面节奏等。那么，良好的镜头感意味着你可以想象并判断出任何两个画面组接在一起后产生的视听效果。

对于导播来说，在实战中拥有良好的镜头感是十分重要的。假设在拍摄现场进行机位的布置和调整时，一个拥有良好镜头感的导播能迅速地判断出大致需要的机位数量以及机位相应的位置。在机位调度过程中，良好的镜头感也意味着导播可以迅速判断出对拍摄对象的表现应当使用哪一个机位以及怎样的拍摄参数。同时，在瞬息万变的同步录制过程中，拥有良好的镜头感的导播可以流畅而迅速地完成画面的选择和切换。

镜头感作为一种对画面语言的感知，在一定程度上是和导播的先天因素相关的。这就好比画家对色彩、形状等有天生的敏锐性一样。但这并不是否认后天训练和培养的重要性。“观千剑而识器”，对于培养镜头感，第一个有效的方式就是多看影视作品。长时间大量的观看会在潜移默化中培养我们对画面语言的感知能力。另外，大量的实践也是必不可少的。无论是拍摄还是剪辑，对于培养镜头感都至关重要。导播最核心的工作是镜头的选择和切换，所以了解摄像工作也是相当重要的。好的镜头和画面是剪辑工作的基础。在很多电视台都有一个不成文的规定，就是每次要培养一个新的导播时往往先从摄像团队里面考虑。也就是说，在成为一个优秀导播前最好有过做摄像师的经验，因为长期的摄像工作一定可以很好地培养一个人的镜头感。

如果镜头感是一种较客观的视听语言能力，那么想象力则是一种主观的、对视听语言创造性运用能力的描述。艺术创作是需要想象力的，电视创作也不例外。而且，想象力对于导播来说可能更重要。导播工作和其他电视创作不一样，在拍摄和剪辑条件上受到的限制相对比较大。同步录制的高效率使导播在拍摄机位上受到一定的约束，在拍摄位置、镜头配置以及活动能力上导播都不能完全自由地发挥想象力。因此，从艺术创作的角度来说导播工作其实是“戴着镣铐跳舞”。面对相同的机位条件，两名导播调度出来的画面语言可能完全不一样，这就是想象力不同的体现。因此，在有限的机位条件下，如何运用自己的想象力对机位、镜头还有剪辑进行创造性的调度和使用，从而营造出独具艺术魅力和表现力的画面语言，是衡量一名优秀导播的重要标准。

二、后天修养

后天修养和先天素质一样，是成为一名优秀导播必不可少的条件。因此，在工作中持之以恒地学习、不断提高导播工作的艺术和技术修养是十分重要的。在讲到镜头感时，我们已经提到镜头感是可以通过后天的努力培养的。除了前面讲到的可以通过后天努力提升的镜头感以外，以下三方面素质的后天修养也非常重要：

（一）增强自身的专业性

前文讲到导播工作对象自身的规律性。实际上，导播工作对象的规律性在很大程度上源于自身的专业性。导播面对的很多拍摄对象都有着极强的专业性，比如体育类节目、音乐类节目和舞蹈类节目。我们很难想象一个音乐节目的导播对乐理知识一窍不通，却能很好地把握画面的节奏和剪辑点。再比如，在美国男子职业篮球联赛（National Basketball Association）的转播中，导播经常会信手拈来地插播一些和比赛相关的背景信息。于是，我们感叹于导播的专业性和他对这项赛事的了解程度。实际上，在业界有不少体育比赛项目的专职导播以前都是从事过该项目的专业或业余运动员。这在某种程度上也反映了业界对于导播专业性要求的重视。因此，一名优秀的导播必须要在增强自身专业性上下功夫。

（二）了解自己演播室的各项设备

一般而言，导播团队里会有相应的技术人员作支持，所以，在业界很少有导播是从技术部门出身的，但这绝不意味着具备一定的技术知识并熟练操作技术设备对于导播来说不重要。演播室里有很多复杂的设备，对于除视频切换台以外的大部分设备，导播都不需要知道具体的操作技术和流程，但对于每一个设备的功能都应该详尽地去了解。具体而言，导播需要详细地了解某个设备到底具备哪些功能，能实现哪些视听效果以及实现这些功能的方法。以导播工作最核心的设备——视频切换台为例，在切换台的视频讯道主控区有两排讯道选择键组。每一排的最左边一个键一般是“黑场键”（BLACK）。它的右侧紧邻着“1 号键”，用以选择来自 1 讯道的画面。很显然，在导播工作过程中，1 号键是经常用到的。但黑场键的使用就不那么频繁了。但问题在于即使是经验丰富、手法熟练的导播，在紧张的录制过程中也难免会误碰到黑场键，后果可想而知。而对于熟悉技术设备的导播来说，这并不是大问题，因为他可以请技术人员帮他重新对按键进行排序和功能指派，可以让黑场键实现 1 号键的功能，让 1 号键实现 2 号键的功能，以此类推。如果在整个过程中都不需要用到黑场键，这样的方法可以百分之百地避免误触碰。实际上，现在很多视频切换台都具备这项功能，技术人员也都知道如何实现。不过，他们一般不会跟导播提及，因为这超出了他们的职责范围。如果导播清楚地了解技术设备的各项功能,就可以解决实际工作中的很多问题。

(三)学会与人合作

现代社会,几乎从事所有工作都要学会与人合作。强大的凝聚力与良好的团队氛围对于以团队协作为主要工作方式的导播工作来说更为重要。那么,作为团队核心的导播在这方面应当着重培养什么能力呢?我们认为作为领袖的领导力与作为朋友的亲和力这两点最重要。一个导播团队部门庞杂,各岗位工作人员的能力参差不齐,性格也多种多样,而多讯道节目录制工作又极具挑战性。那么,怎样才能成为一名合格的领袖呢?威信与威严是最重要的。所谓威信,就是让团队成员无论从业务技术水平上还是为人处世上都对导播十分信服。只有这样,团队才有凝聚力和执行力。但是导播工作的特殊性决定了仅有威信还是不够的,导播在团队工作中展现出一定的"威严"也是十分有必要的。多讯道节目录制是一项需要紧密协作的工作。在紧张的录制过程中,一环扣一环,任何一个环节出现一点失误都有可能导致整个录制工作的失败。因此,各个岗位高效地运转往往不能完全靠团队成员个人的自觉性和能动性,必要的"耳提面命"也是不可或缺的。因此,从某种程度上说,性格谦逊、彬彬有礼的人往往不适合做导播。当然,威严的建立绝不是靠发脾气或是对团队成员的不尊重,这样只会适得其反。威严是建立在威信的基础之上的,二者是相辅相成的关系。

东方哲学讲究刚柔并济。如果说威信和威严相对是从"刚"的一面进行管理,那么朋友般的亲和力则发挥了以柔克刚的效力。虽然导播是团队的核心,但不能总是高高在上。与团队其他成员如同朋友般地相处,建立好的人缘一样十分重要。对于导播来说,建立好的人缘的秘诀就是"不耻下问"。[①] 作为团队核心的导播往往容易变得心高气傲、自以为是。还有的导播喜欢对其他岗位的工作人员指手画脚,甚至是越俎代庖。其实,每一个岗位上的工作人员都是很有经验的老师,而再全面的导播在知识上也肯定有自己的短板,所以要学会虚心向别人求教。给予别人充分的尊重,对于提升各岗位工作人员的主人翁精神、能动性和创造力来说是十分重要的。

---

① 徐钜昌.电视导播与制作[M].台北:台湾三民书局,1993:22.

思考题：

1.导播工作的规律性有哪些？

2.调机导播和切换导播在节目录制中应当如何分工和相互配合？

3.如何在日常生活和电视创作实践中培养镜头感？

第二章 情景剧导播

本章要点：

场面的纵深调度

机位“活用”

运动镜头的内部调度

如今，虽然室内情景剧节目在电视市场上依然火爆，但毕业后大部分从事导播工作的学生面对的还是各种访谈类节目、文艺类节目或者是真人秀节目。而无论是国内还是国外，在导播教学中，情景剧都是居于首要位置的节目类型。这是因为在情景剧的导播教学中，重点并不在于让学生熟练掌握情景剧制作的整个流程和全部环节，也不在于让学生编排出一个内容和形式多么吸引人的剧本，而在于让学生能够根据情节内容制定出完美的镜头方案，并熟练掌握切换技巧。通常情况下，如果学生能够较熟练地应对情景剧的导播和录制工作，那么对于大部分的演播室节目来说都会得心应手。这是因为情景剧涵盖了很多其他演播室节目共有的元素，比如场面调度、人物对话和动作等。在情景剧中，这些元素的呈现形式与导播处理方式在很多时候都要比其他节目类型更复杂。因此，学生只要熟练地掌握情景剧节目的导播技巧，就可以达到触类旁通、举一反三的效果。可见，掌握情景剧的导播技巧和规律十分重要！

第一节　时空重构——机位、调机和切换

尽管现代影视艺术各类型的特点有诸多不同，但实质上都是通过镜头语言对物理世界时间和空间的重构与再现。因此，对电视演播室节目而言，导播需要根据演播室节目在时空上的特点以及节目制作的要求和条件对镜头语言做出相应的安排与设计。具体而言，这方面工作从整体上可以分为三个部分：机位、调机和切换。在这一节中，我们将结合电视演播室节目制作的具体特征与要求以及影视视听语言的一般规律对这三个部分的一般性内容和要求进行概括式的介绍。

一、演播室节目的时空特征

现代艺术实际上都运用各种艺术语言对物理世界的时间和空间进行了重构，只是侧重点和各自的表现形式与内容不同而已。如果说和影视艺术血缘关系最近的文学艺术的叙事是以"时间—情节"为基本结构的话，那么，影视艺术则是以"空间—造型"为叙事的主要推动力和表现手段的。因此，在时间与空间的关系中，空间对于影视艺术来说是起主导作用的，正如莫里斯·席勒所说，"只要电影是一种视觉艺术，空间似乎就成了它总的感染形式，这正是电影最重要的东西"。[①] 影视艺术是一门流动的空间艺术，以"空间造型"为主要表现手段。在影视艺术中，空间不仅仅是故事发生的时间、地点和环境，更是机位、景别、角度以及镜头的运动综合塑造的结果。影视艺术的空间造型绝对不是静止的，时间的变换与发展赋予了空间造型以生命力。因此，影视艺术的空间造型应当是流动的，我们应当让空间造型在时间流中参与叙事、产生张力。

作为影视艺术的一个门类，电视演播室节目当然也是一种流动的空间艺术，但其自身独有的特征也十分突出。首先，在空间上，电视演播室节目的空间相对封闭、固定、重复和单调。一般而言，无论是虚构类还是非虚构类故事情节的演播室节目，其空间环境都是相对固定和重复的。以情景剧为例，在很多情景剧中，故事发生的场景可能从头至尾都没有变化。一些演播室访谈节目的演播室场景设计也

---

① 马尔丹.电影语言[M].何振淦，译.北京：中国电影出版社，1982：169.

相对稳定,除非是节目内容和形式发生重大改版。这种相对稳定的演播室场景设计除了出于强化品牌形象认知度的考虑以外,更重要的原因是降低节目的生产成本。因此,即使是应用了相对灵活的虚拟演播室技术,也很少有节目不断地变化空间场景设计。相对固定和重复的场景也造成了演播室节目在空间上的单调性。与此同时,演播室节目制作的流程、特点也决定了机位设置和镜头调度不可能太复杂,也就是说,通过镜头语言对空间进行造型的创作空间也相对有限。因此,大部分演播室节目,尤其是语言类节目,在画面的信息量和表现力上都相对有限。

其次,和其他类型的电视节目一样,演播室节目也十分强调时间的节奏性。所谓时间的节奏性是指节目内容的发展无论是从宏观层面还是微观层面,都应当拥有一个在节目内容与形式层面符合观众收视心理期待的节奏曲线。一般而言,电视节目的时间和常规性的内容节奏一样,也应该符合“开端—发展—高潮—尾声”这样的节奏。以访谈节目为例,无论是访谈内容还是画面语言的设计,都应当形成这样一个曲线。但是,演播室节目时间节奏曲线的形成往往并不容易。这是因为节目在空间造型上的单调性会使节目的时间节奏显得拖沓和沉闷,这在语言类演播室节目中表现得尤其明显。因此,对于演播室节目制作来说,控制和调整时间节奏曲线是十分重要的工作。

二、时空重构——机位设置

(一)机位构成

电视演播室节目空间的重构与再现主要依靠机位设置和镜头调度来完成,而在这两者的关系上,机位设置属于先决条件,因为机位进一步决定了镜头调度的可能性。因此,在具体的导播创作中,机位设置可以说是首要工作。虽然很多样式已经相对成熟、稳定的演播室节目在机位设置上有了约定俗成的规律和模式,但很多导播还是在努力寻找独具个性的机位设置方式。随着近年来电视节目类型和模式的不断拓展以及电视摄录硬件技术的迅猛发展,机位设置的创作空间也在不断丰富和发展。因此,掌握机位设置的基本规律与要求对电视导播来说十分重要。

对于导播工作来说，机位是由电视摄像机的位置、镜头以及活动能力和范围组成的。摄像机的位置大体上决定了一个机位镜头的拍摄范围，因此也限定了观众的视点和视野。而对于游机来说，活动的范围和线路也有一个限定。因此，位置对于机位设置来说是最重要的参数，它从根本上决定了各个机位的任务分工。

一般而言，在电视摄像工作中，摄像机镜头焦距有广角、标准和长焦的划分，这一基本划分标准对导播工作也同样适用。从精确度量的角度出发，在实战中，我们往往会用镜头角度的倍数来形容一个机位在镜头焦距上的配置。例如，常见的有 21 倍、33 倍、42 倍、75 倍、100 倍等。其中，21 倍和 33 倍的镜头都属于广角镜头，42 倍的长焦镜头多用于舞台类的演播室节目中，而 75 倍和 100 倍属于超长焦镜头，拍摄 100 米外的人物可以给到近景，因此多用于体育比赛的拍摄。在导播工作中，摄像机镜头焦距的配置往往与位置紧密相关。在上一章中，我们谈到了导播"镜头感"的问题。也就是说，拥有良好镜头感的导播能够迅速对位置和镜头焦距的组合做出设计和判断，从而进一步决定画面的标准和可能性。此外，有时为了实现机位任务功能的多样化，我们会选择变焦倍数较大的镜头，这样就可以兼顾从广角到长焦画面的拍摄了。

在确定了位置和镜头焦距之后，导播还需要对机位的活动能力与范围做出设计。一般而言，机位的设置从整体上会有一个固定机位与活动机位的划分。需要明确的是，即使固定机位也是可以具有活动能力的；反过来，活动机位也应当在活动范围上有所限定。赋予机位活动能力的设备一般包括脚轮、高台（最常用的是 1 米）、轨道、（伸缩）摇臂、稳定器和各种遥控设备等。机位具有活动能力后，拍摄范围、视角以及运动能力都会得到丰富与放大，画面拍摄的再现和表现能力也会得以增强。例如，图 2-1 中摇臂配上轨道后不但活动范围扩大了，而且也在一定程度上保证了运动轨迹的稳定性。图 2-2 是配有轨道的遥控摄像机。从图 2-3 和图 2-4 中我们看到，带有脚轮的摄像机可以靠近被摄对象，并与摇臂摄像机配合完成特写景别的拍摄。

图 2-1 摇臂

图 2-3 带脚轮的摄像机 A

图 2-2 轨道遥控摄像机

图 2-4 带脚轮的摄像机 B

（二）机位设置：从“进入现场”到“超越现场”

除了演播室节目以外，导播工作的对象还包括室外的体育类节目以及各种现场直播节目。虽然各个类型的节目都有其自身的特点，但是在机位设置上的根本目的却是相通的。从“进入现场”到“超越现场”，既是演播室节目机位设置的根本目的，又是现代电视转播技术满足观众收视需求的根本优势。

无论是情景剧还是访谈类节目，我们既可以作为现场观众也可以作为电视观众参与其中。作为现场观众，获得的是一种“进入现场”的视听体验。这一体验有其自身的优势，因为电视转播不能完全复制这种体验，而且事实上也根本不可能实现这一功能。电视转播存在的价值以及技术优势在于带给观众一种“超越现场”的视觉体验。所谓“超越现场”，就是让电视机前的观众享受现场观众无法获得的视听体验。而实现这种“超越”的体验必须借助现代电视转播技术。例如,现场观众的视点是固定的,视野是有限的,而现代摄像技术却可以帮助电视机前的观众实现多方位、多角度的观察。

具体的机位设置,应当追求的是从“最佳位置”走向“超常规位置”。所谓“最佳位置”是指现场观众席上的最佳位置,这一位置通常可以带给现场观众最佳的视野、视点和视觉体验。一般情况下,现场最佳位置所处的区域往往也是设置主机位所考虑的区域。在这一区域,电视转播能全面、真实、完整地再现现场视觉信息。但是,仅仅满足于“最佳位置”是远远不够的。现代电视技术的飞速发展已经可以提供各种在“超常规位置”拍摄的镜头,从而带给电视机前观众各种新奇和刺激的视觉体验。这一追求在各种体育比赛的转播中体现得尤其明显。例如,在2012年伦敦夏季奥运会的花样游泳比赛中首次使用了一种被称为“双胞胎”的摄像机。这种新式摄像机可以同时拍摄运动员水上和水下的动作,而且不会产生任何视觉畸变(图2-5)。电视转播人员实际上一直在尝试各种技术手段,使摄像机能够“上天入地”,从而给电视机前的观众提供一种现场观众无论如何也体验不到的视觉效果。

图2-5 “双胞胎”摄像机拍摄的画面

另外,导播工作同样也希望能在镜头焦距以及活动能力范围这两方面带领电视观众“超越现场”。虽然电视演播室节目受节目内容以及场地等各方面条件的限制,在“超越现场”这一追求上不如体育比赛和现场直播那样可以天马行空地充分发挥转播技术和艺术的想象力,但是近年来通过对机位设置的不断探索和大胆尝试,演播室节目的画面效果也越来越出彩。在演播室访谈节目中,各种摇臂摄像机和轨道摄像机的应用已经越来越普遍。尤其在演播室音乐类节目中,对“超越现场”的不懈追求体现得更加明显和充分。例如,在享誉全球的《欧洲歌唱大赛》(*Eurovision Song Contest*)转播中,游机摄像师使用了平衡车(segway),从而完成了一个非常炫目的移动长镜头拍摄。在这个镜头中,平衡车首先载着摄像师沿观众席中的一条通道高速驶向舞台。当平衡车抵达舞台边缘时,摄像师立即从车上跳到一个通往舞台的踏板上,并登上舞台开始围绕正在表演的歌手连续做 360°转圈。在这一过程中,平衡车的移动速度和摄像师跑动的速度基本保持一致,而且摄像师从平衡车跳到踏板上的整个运动过程一气呵成,整个镜头运动平滑流畅、十分精彩(图 2-6 至 2-11)。这一运动镜头实际上并没有应用特别先进的摄像技术和设备,完全是摄制人员艺术想象力和高超摄影技术的结晶。

图 2-6　摄像师在平衡车上拍摄的画面

图 2-7　摄像师接近舞台

图 2-8　摄像师正登上舞台

图 2-9　摄像师围绕歌手 360°拍摄

图 2-10　摄像师用小景别对歌手进行 360°拍摄 A

图 2-11　摄像师用小景别对歌手进行 360°拍摄 B

(三)机位设置的其他原则

1.精细再现

精细再现指的是在条件允许的前提下,导播应当尽量增加机位的数量,从而实现对被摄对象更精致、细腻的表现。机位数量的增加不但可以提供更多的景别和角度,更重要的是,还可以对被摄对象的细节进行充分的抓取和表现。随着当前电视节目制作资金和技术投入的不断增加,机位逐渐增多,越来越多的讯道信号被全程录制和保留,使得在演播室节目制作工作流程中后期剪辑的比重不断加大。

2.分工明确

无论节目录制中设置了多少个机位,我们应该对每一个机位都有一个明确的任务分工,即对每一个机位的主要拍摄对象、主要镜头序列以及活动区域范围做出详细和明确的规定。[①] 一般而言,机位任务分工的依据是节目整体导播方案和视听语言创作规律。这其中,导播方案会因节目类型和导播个人艺术创作风格的不同而有所差异,但视听语言创作规律是具有普遍指导意义的。无论拍摄什么节目,机位设置都要保证基本景别序列的完整,既要有负责全局的大景别机位,也要有专注局部的小景别机位。

3.剪辑意识

从镜头拍摄的角度来考虑机位的设置是最常见的机位设置方式。但是画面拍摄完成后还需要进行剪辑,因此,除了考虑镜头拍摄之外,导播在设置机位时还必须要有剪辑意识,需要考虑画面组接的一般规律和要求。例如,对机位设置影响比较明显的"轴线原则""位置匹配原则""方向匹配原则""动作剪辑原则"等都是从画面剪辑规律方面来考虑的。

4.精简合作

"精简合作"与"精细再现"在一定程度上是一组对立的原则。"精细再现"是指导播为了增强画面的细腻程度而考虑需要增加机位的数量,但这绝不意味着机位数量越多越好。在实战中,我们还要考虑硬件条件、团队配合等多方面因素。如果可以通过一些技巧的使用使单个机位完成多个机位的拍摄任务,那我们就可以在不损害画面效果的前提下实现对人力和物力资源的精简了。例如导播经常使用机位"活用"的方法来充分发挥单个机位的潜能,通过灵活的调度以及团队间的密切配合来实现多机位的拍摄功能。

---

① 镜头序列是指每一个机位在整个拍摄过程中会涉及的对拍摄对象、景别、角度以及运动方式的事先约定。

在实战中，“精简合作”与“精细再现”这两个原则的界限有时候很难区分。以篮球比赛转播为例，一般认为只要保证有五个机位就可以完成对一场篮球比赛的转播。但是，以美国男子职业篮球联赛为代表的高水平国际篮球比赛，其转播机位动辄就二三十个。因此，精简到何种程度，导播需要根据具体的条件和目标灵活掌握。

5.减少穿帮

“穿帮”一般是指影视作品生产过程中出现的各种镜头、道具、表演或剪辑方面的小错误。

在电视导播工作中，摄录器材或人员是最容易出现穿帮的部分。当机位构图不精确或机位设置考虑不够周详时，灯灯设备和某些机位就会在画面中出现，造成“穿帮”。在影视剧创作中，机位在播出画面中出现的情况是绝对不允许的。但是，电视导播工作的特殊性使得这种现象有时难以完全避免。例如，在演播室访谈节目 *The View* 的开场镜头中，一个摇臂拍摄的全景画面以俯视的角度从空中掠过全场，于是在画面中就出现了多个摄像机机位（图 2-12）。一般而言，这种情况下的“穿帮”并不是完全不可以接受。虽然无法完全杜绝“穿帮”的发生，但我们仍可以通过机位设置、镜头调度等手段尽量减少“穿帮”。

图 2-12 机位“穿帮”

三、时空重构——机位调度

在确定了机位之后，导播就需要对各个机位进行调度，指导摄像师进行拍摄。机位调度的主要内容包括景别、角度和运动三个方面。

（一）景别

在影视摄影创作中，景别有不同的划分体系。一般而言，我们常说的景别有五种：远景、全景、中景、近景和特写。美国好莱坞摄影工作网站发布的研究生课程

"好莱坞摄影工作"的音像教学节目将画面景别划分成 10 种：全景（Full Shot）、中全景（Medium Full Shot）、"牛仔"景别（Cowboy Shot）、中景（Medium Shot）、中近景（Medimu Close Shot）、近景（Close Shot）、宽特写（Wide Close-up）、特写（Full Close-up）、中特写（Medium Close-up）和大特写（Extreme Close-up）。[①] 尽管景别划分体系不尽相同，但仔细研究就会发现，景别划分的标准都是围绕画面所呈现的人体比例展开的。例如，美国好莱坞摄影中的"牛仔"景别，就是以露出腰间的枪套为标准的。此外，由于东方人和西方人体型的差异，东西方摄影工作对具体景别的界定也不尽相同。以中景为例，东方的标准是人体膝盖以上的部分，而西方的标准则是人体腰部以上的部分。

实际上，在电视演播室节目的景别调度中，我们使用到远景和特写的机会是很少的。远景以展现场面和气势为主，因此一些在小型演播室内进行的节目几乎用不到。特写虽然是极具信息量和表现力的景别，但是电视导播多机位同步录制的工作特点从时间和空间上限制了特写景别的频繁使用。因此，在演播室节目景别调度时，中景、近景和小全景是比较常用的。在调机过程中，为了提升口令的形象性和团队合作效率，很多导播习惯于用人体的比例来对具体景别进行界定和形容。例如，"腰镜"（中景）指的是拍摄人物腰部以上的景别。

（二）角度

在摄影创作中，角度从高度上可以划分为平角度、仰角度和俯角度；从方向上可以划分为正面角度、侧面角度、前侧面角度和背面角度；从视点上可以划分为主观角度和客观角度。这些拍摄角度在演播室节目拍摄过程中一般都会用到，但因不同的节目类型会有所侧重。在语言类演播室节目中，正面的平视角度和前侧面的平视角度是主体拍摄角度。因此，在这类节目中，导播几乎不需要对角度进行调度。而在音乐类演播室节目中，为了增强画面语言的冲击力和丰富性，基本上各个角度都会用到。还有，在语言类节目中几乎很少用到的主观镜头，在音乐类节目中可以用来模仿现场观众的视点，这样的镜头可以为画面增添现场感。

---

① 郭艳民，顾洁.摄影构图：第三版[M].北京：中国传媒大学出版社，2015：68.

（三）运动

在摄影创作中，镜头的运动形式主要包括推、拉、摇、移、升、降、甩、跟以及综合运动等。这些镜头运动形式在各个类型的演播室节目中都有着广泛的应用。唯一需要指出的是，我们应当对拉镜头的使用持谨慎态度，因为拉镜头往往会造成一种“退出”的视觉心理效果。在节目的结尾运用拉镜头没有太大问题，但是如果在节目内容进行过程中频繁地使用拉镜头，则会造成把观众带离现场的视觉心理效果，或者让观众误认为导播觉得这段内容缺乏趣味性。

随着现代电视摄影技术的不断发展，人们已经越来越认识到运动镜头对于提升节目画面美感和冲击力的重要性。因此，即使是语言类节目，各种运动镜头的比例也在不断加大。而对于各种音乐类节目来说，运动镜头的意义更加重要。相对来说，如今大部分音乐类节目中运动镜头的设计和使用还远远不够。

四、时空重构——画面切换

机位设置与调度完成了演播室节目时空重构的基础性工作，剩下的工作就要全部由画面切换来完成。画面切换是电视画面编辑工作，是一个独立、全面和系统的知识体系。受篇幅所限，这里主要围绕画面长度和画面组接方式这两点展开，因为画面长度和组接方式的规律与技巧对于各个类型的节目来说都是有效的。

（一）画面长度

在切换台前，当导播选择切出一个画面后，马上就要决定这个画面使用多长时间。例如，从画面信息量呈现的角度来看，大景别的画面通常使用的时间长一点；从影片风格和剪辑率的角度来看，对一组画面的使用时间长短要进行整体考虑。

但是，电视导播在处理画面时间长度这一问题上又有一些特殊性。例如，面对舞台上的瞬息万变，导播无法对每一个画面的时间长度实施精确掌控。而且，身处同步录制中的导播，由于受现场气氛的感染以及自身紧张情绪的影响，往往会对画面时间长度的把握产生一些非理性的变化。例如，新手导播在面对演播室访谈节目时往往容易产生较高的画面剪辑率，这是因为他们总是担心如果不换镜头，观众会觉得乏味。因此，对画面时间长度的掌控往往能体现一个导播的功力与能力。

电视导播画面切换与电视画面编辑工作二者之间既有共性,又有特殊性。对于电视导播画面切换和电视画面编辑来说,共性主要有两点:这两点可以总结为画面长度的客观分类和主观呈现。所谓客观分类是指任何一个画面的长度实际上都有三个维度:第一维度是画面的放映长度,这是一个客观指标,例如一个画面时长3秒或1秒10帧。第二维度是画面的内容长度,也就是画面中的对象事件所持续的长度,这也是一个客观指标,而且绝大多数情况下和画面的放映长度是相等的。当然,例外的情况也很常见。例如,在一个3秒钟的画面内出现了一个时间的闪回,那可能就是横跨几十年甚至是上百年的事件了。第三维度是观众观赏的心理长度。这是一个主观指标,因为画面中的对象事件对观众心理产生的影响的持续时间会略有差别。

所谓主观呈现,是指面对相同的对象事件,导播会根据自己的主观理解自主决定画面的放映长度。这一主观性的产生有很多原因和标准。例如,虽然一个画面所包含的客观信息量是一定的,但是导播的主观艺术表达决定了这个画面最终使用多长的画面长度来呈现相应的信息量。此外,如上所述的观众观赏心理长度也取决于导播的主观判断,导播会对画面的放映长度进行相应的调整。

(二)画面组接方式

电视画面编辑工作中涉及的画面组接方式种类繁多、形态各异。但是,基于现场同步录制的电视导播画面切换,很多时候并不允许使用过多复杂的组接方式。此外,大部分演播室节目类型,例如语言类节目,也不需要使用复杂的组接方式。演播室节目画面组接常见的方式主要有以下三种:

(1)硬切(cut):节奏明快、干净利落,适合语言类节目和节奏明快的音乐类节目。

(2)溶(叠)(dissolve):节奏缓慢、过渡柔和优美,适合节奏舒缓的音乐类节目以及大段落不同内容之间的过渡。

(3)淡入、淡出(fade in、fade out):大段落时空、节奏或剧情的转换,主要用于全片的开头和结尾。

第二节 情景剧简介

一、情景剧的特征与制作

现代电视情景剧最早可以追溯到1946年英国广播公司(BBC)开始正式恢复电视运营。到了20世纪70年代,形成了第一次高峰。而我国观众对情景剧的认知恐怕是随着我国第一部室内情景剧《我爱我家》和美国情景剧《老友记》的热播而开始的。《生活大爆炸》《爱情公寓》等国内外情景喜剧,虽然在内容情节与制作方式上变得越来越复杂,但基本还是属于情景剧范畴。

情景剧是最符合电视媒介传播特征和文化意义的一种电视节目类型。生活化的故事背景,略带轻松、幽默和戏谑的情节,简单但却讨人喜爱的人物性格,每天一集的播出方式以及相对独立的故事情节,这些元素从本质上反映了电视作为一种娱乐媒介、伴随媒介和日常生活媒介的文化属性。因此,观众收看情景剧最常见的情境就是工作日下班回到家,一边忙着做晚饭,一边打开电视,时不时地瞟一眼电视中正播出的情景剧。幽默、搞笑的内容可以缓解人们一天的疲劳,以对话为主的简单情节又使观众不必全神贯注地收看,相对独立的情节让观众即使错过了一两集也无伤大雅。因此,从某种意义上说,这也是情景剧能够长盛不衰的原因。

情景剧的内容和文化特质决定了情景剧拍摄制作方式应当走简便、高效之路。生活中,我们说起情景剧往往都会在前面加上"室内"两个字,也就是说情景剧的大部分情节都发生在室内。于是,我们只要借助各式各样的演播室或摄影棚就可以进行拍摄了。室内拍摄的好处是显而易见的,一至两个固定的室内场景不但省去了外景来回奔波之苦,各种置景、灯光、摄录系统搭建也都可以一劳永逸。另外,人物简单且以语言为主的内容呈现也决定了情景剧不必采用精雕细琢的拍摄方式,现场多机位同步录制即可胜任,大大提升了生产效率(图2-13)。实际上,在20世纪70年代,单机拍摄还是一种主流方式,不过那时囿于技术条件的限制。例如,美国情景剧《办公室》(*The Office*)、《实习医生成长记》(*Scrubs*)采用的就是单机拍摄的方式。随着拍摄技术的不断发展以及现代观众审美要求的提高,发展到今天,情景剧和普通电视连续剧的界限已经越来越模糊了。

图 2-13 情景剧拍摄现场

以 BBC 为代表的英国情景剧很早就形成了一套成熟的情景剧制作流程,并完善了相应的拍摄场地和设备。BBC 在伦敦西区建立了 18 个排练室。每一个排练室的场地、尺寸都和实际拍摄的演播室一样大小。为了节省开支,排练室的地面上贴满了各种颜色的胶带,用以标识演播室里实际存在的景物,比如桌子和沙发。当然,真实拍摄时要使用的各种道具是要提供给演员的,比如一把雨伞或是一本书,以保证动作的细节得到较真实的演练。

在技术条件较为落后的情况下,如果一集的时长为 25 分钟,那么拍摄周期通常为 1 周。前 5 天全部用来彩排,当中会包括一轮带机彩排。在这轮带机彩排中,整个拍摄的灯光、音响、服装等都会按照真实录制的要求展开,场景的拍摄顺序也是如此。这样严格的带机彩排是为了让演员能够迅速地进入真实拍摄的状态。之后,周六全天会用来进行录制。周日对于大部分的演职人员来说是一个短暂的休息调整,而导演和编剧还需要继续奋战,以便为新的一周提前做好准备。然而,进入 21 世纪以后,随着演播室数量的增多,很多情景剧已经可以直接在真实的拍摄环境中进行彩排了。于是,拍摄周期缩短为 4 天排练和一天正式录制。现代美国情景剧在正式开拍前,演员进行彩排的时间最长一般为 18 小时。实际上,在我们国家,现在情景剧的拍摄周期也缩短了。一般情况下,一天可以录制两集。《爱情公寓》的拍摄进度是 3 天一集,这已经属于精雕细琢了。无论怎样,多机位的录制方式极大地提高了生产效率。在影视行业内有一个比较公认的算法,在情景剧每小时的录制时间内可以得到 2-3 分钟的有效素材。而如果是单机拍摄的故事影片,要得到同样时间的有效素材则需要花费整整一天的时间。

现场观众的存在,可能是情景剧和其他类型的电视剧最大的区别了。轻松、幽默的内容不断激发现场观众的笑声,这不但是对演员的一种激励,同时也提升了情景剧播放的效果。当然,现在很多情景剧的拍摄已经不需要观众参与了,而多是现场播放

图 2-14 情景剧拍摄现场观众区

笑声的录音。但无论怎样,现场观众的同步参与是情景剧制作的传统特色。比如,演播室必须设置一个观众区(图 2-14)。另外,剧本的情节对话与演员的表演也必须考虑观众。例如,演员在表演了一个比较幽默的动作或说了一句有意思的台词后必须有意识地停顿一下,用以等待或激发观众的反应。

二、美国情景剧《老友记》(*Friends*)

《老友记》(*Friends*)是美国全国广播公司(NBC)于 1994 年首播的系列情景剧。该剧于 1994 年 9 月 22 日首播,一共 10 季 236 集,每集大约 20 分钟,于 2004 年 5 月 6 日剧终。《老友记》由大卫·克雷恩(David Crane)和玛塔·卡夫罗(Marta Kauffman)主创,整个剧集编剧和拍摄是由一个多达几十人的庞大团队共同完成的。

《老友记》的剧情围绕住在美国纽约的 6 个好朋友展开,讲述这 6 个青年生活的喜怒哀乐、事业的波折起伏和友情、爱情的悲欢离合。除了 6 位主角之外,该剧有时还会请演艺界或者时尚界的名人大咖客串,这为跌宕起伏的剧情增色不少。

剧中 6 位主角,三男三女,性格各异,从事不同职业。大卫·修蒙(David Schwimmer)饰演罗斯(Rose)一角儿,是一名考古学老师,在高中时就一直暗恋自己妹妹的同学瑞秋(Rachel),却一直不敢表白,个性有点死板。詹妮弗·安妮斯顿(Jennifer Aniston)饰演瑞秋(Rachel)一角儿,逃婚之后做了咖啡厅服务生,最后进入时装公司做了采购助理,个性中带有“千金小姐”式的骄纵。柯特妮·考克斯(Courteney Cox)饰演莫妮卡(Monica)一角儿,是罗斯的妹妹,懂得照顾朋友,爱管闲事,做事一板一眼,是一名厨师。马修·派瑞(Matthew Perry)饰钱德勒(Chandler)一角儿,是罗斯的大学同学,好逞口舌之利,是一家公司的数据部门主管。马特·勒布朗(Matt LeBlanc)饰演乔伊(Joey)一角儿,是钱德勒的室友,是一名头脑简单的花花公子,同时还是一名小演员。丽莎·库卓(Lisa Kudrow)饰演菲比

(Phoebe)一角儿,是一名按摩师,一开始是莫妮卡的室友,后来因为受不了其洁癖而搬走。随着该剧在世界范围内的热播,6 位主角也受到了全球剧迷的热爱,身价倍增。

播出 10 年间,《老友记》长盛不衰,享有极高的口碑和收视率,多次刷新了美国晚间档节目收视的纪录。从 1994 年至今,《老友记》共获奖 25 次、提名 72 次,其中艾美奖获奖 6 次、提名 56 次。丽莎·库卓凭借在该剧中的出色表现蝉联了第 49 届(1997 年)和第 50 届(1998 年)艾美奖的喜剧类剧集最佳女配角奖。本片还曾获美国金球奖 1 次(提名 9 次)、英国电影和电视艺术学院奖 1 次、人民选择奖 4 次、青少年选择奖 10 次(提名 7 次)。本片获奖和提名包含了从导演到演员、摄影等诸多奖项。这些足以证明,《老友记》是情景剧中一个极为成功的经典案例。对于很多中国观众来说,《老友记》更是一代人的美剧启蒙和青春记忆。在 2004 年剧终时,大批剧迷表达了对《老友记》的不舍;在 2014 年《老友记》播出 20 周年之际,互联网上又一次掀起了怀念经典"六人行"的热潮。

第三节　情景剧的时空特征

虽然现代情景剧的发展已经越来越多样化和复杂化,但其在时空表现上的特征还是一直很鲜明的。具体而言,可以总结为"室内拍摄"和"场景相对固定"。这样的时空特征可以有效地提高情景剧的生产效率,但同时带来的一个问题就是时空表现是单调的。因此,情景剧的时空特征既决定了我们在场景布置、演员调度和机位设置上的一些基本规律,也对我们在创作上的艺术追求提出了一定的要求。

一、假想的舞台

大部分情景剧的拍摄都是有现场观众参与的。一个很大的演播室被划分成几个相对独立的区域,每一个区域内都会搭建一个场景,比如卧室、书房等。于是,观众席就被安排在这些三面封闭、一面敞开的场景的前面。一般情况下,现场观众面对的都是舞台。因此,这些场景实际上也应当被假想成一个个虚拟舞台。郑月提出,情景剧的演绎方式实际上是一种舞台演出。① 这是一种非常到位、形象而且实

① 郑月.电视节目导播[M].北京:中国传媒大学出版社,2007:93-97.

图 2-15 钱德勒和乔伊的公寓平面图

用的评价。把一个一个的场景想象成舞台是一种化繁为简的手段，有利于对景物布置、演员安排和机位拍摄做出相应的设计。因此，情景剧制作人员都应当有这样的想象力，不管面对怎样真实且复杂的场景布置，在脑海中都应该有这样的一个虚拟舞台。图 2-15 显示的是《老友记》中钱德勒和乔伊的公寓平面图。剧中大部分的故事都是在这个真实的公寓中展开的。

二、舞台表演与演员调度

(一) 演员调度与三角表演区

无论场景怎样复杂多变，情景剧的演员都是在虚拟舞台上进行表演的。但是情景剧里的舞台又和其他形式的舞台比如晚会或音乐会的舞台有所区别。究其原因，虽然情景剧现场也有观众参与，但最终是以满足电视机前观众的收视需求为最终目的的。另外，还有很重要的一点就是舞台的设计需要考虑摄像机的存在。也就是说，情景剧舞台的设计要考虑拍摄、剪辑等诸多方面的要求。因此，在这个舞台上安排演员进行表演是有特殊要求的。

综合诸多因素，郑月在《电视节目导播》一书中总结出了“三角表演区”的概念。这个概念是十分有意义的，尤其是对那些刚刚接触情景剧制作的人员来说，遵循三角表演区的规律可以使其迅速掌握演员调度的基本规律和技巧。

要了解演员调度，首先要知道场面调度。场面调度最早是来源于戏剧表演的一个概念。简言之，就是“放在适当的位置”，也就是把演员放在场景中适当的位置上。除了位置以外，还要考虑演员的动作、姿态、行走路线等。当多个演员同时出现在舞台上时，还需要考虑演员彼此间的位置关系。这些方面的安排和设计都是为表现故事情节、烘托环境气氛以及表现剧本思想内容而服务的。除了要考虑演员外，还要考虑摄影机，也就是说，对演员的安排要考虑摄影的需要。因此，场面调度实际上有两层含义：一是演员调度，二是镜头调度。对于剧本创作来说，我们首先要考虑的是场面的调度，因为舞台表演不像写小说，不能一个场面里出现多少人物都可以。场面调度最终是要和镜头调度配合的。场面调度得好不好，牵涉到拍摄能不能拍好，如果场面调度得不好，镜头拍摄起来就会很困难。所以，场面调度一定要和镜头调度结合起来，演员怎么站、怎么走、怎么安排上下场，演员之间的位置关系怎样，演员之间的相对位置关系、空间关系怎样，这些都需要和镜头调度结合起来考虑。

针对情景剧的演员调度，所谓"三角表演区"指的就是最适合演员站位和活动的区域（图 2-16）。这是一个正三角，基本原则是：当我们在场景里假想出一个舞台以后，接着再在这个舞台上假想出这样的一个正三角形。这个正三角形的开口（也就是底边）是直接朝向观众的。也就是说，演员应当集中地站在这样一个三角表演区里面。我们必须强调这是一个正三角，而不是一个倒三角，也就是说演员尽量往前站，如果往后站的话，就会离观众比较远，并且正三角的顶角处不要站太多演员，应当让演员尽量在靠近底边的地方排开。在这个正三角形区域之外，也就是舞台的左上角和右上角，是不太适合安排演员站位的。

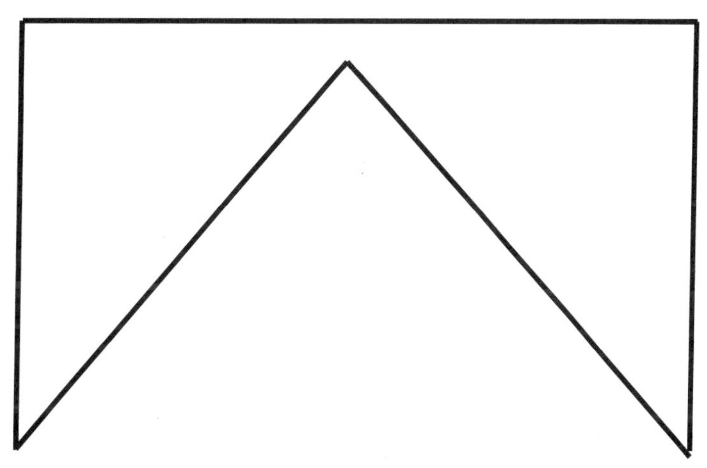

图 2-16　情景前三角表演区

再来看看这个正三角形的两条腰。这两条腰很重要，是我们放演员的最主要的位置。一般情况下，除了这两条腰以外，演员的站位只要不超出这个三角区都可以。举个最简单的例子，剧情是两个演员在进行一对一的对话，那我们就把这两个演员一左一右地放在两条腰线上,从机位的设置和镜头的配合上来看,这是一种最合理的演员的站位安排。所以,场面调度要完成的任务,就是怎样在三角表演区里放置演员。

(二)常见调度方案

这里我们来看两种最基本的演员调度方案:平行关系和纵深关系。很多时候我们可以根据这样最基本的一些方案,来写自己的故事。图 2-17 所示是平行关系的最基本方案,我们可以把它称为"双人平行"。那么,一个简单的剧情就可以围绕这两个人展开。一般情况下,双人关系中的演员被分别放置在两条腰线上。但很多时候,剧情远比双人关系要复杂得多。于是,我们可以继续沿着平行关系在两条腰线上加人。图 2-18 和图 2-18A 中,虽然左边腰线上多了一个人,但整体上看三个演员还是在一条平行线上,所以可以算作平行关系中的"三人平行"。在具体拍摄时,导播可以把左边腰线上的两个人算作一个整体,也就是把左边的两个人看成一个人。所以,这又可以算作"双人平行"。同理,右边的腰线上也可以再加一个人,于是,就又有了"四人平行"(图 2-19)。如果我们再简化一下,其实还可以算作"双人平行"。但这比一对一的双人关系相对来说更复杂一些,因为话语权的交换会比较频繁,讲话的人会变来变去。

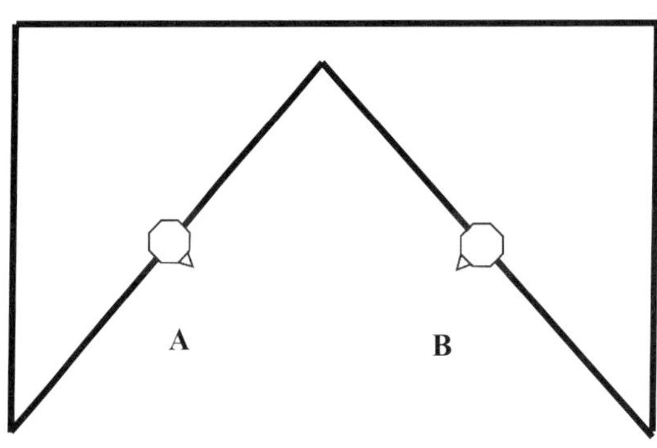

图 2-17 双人平行关系

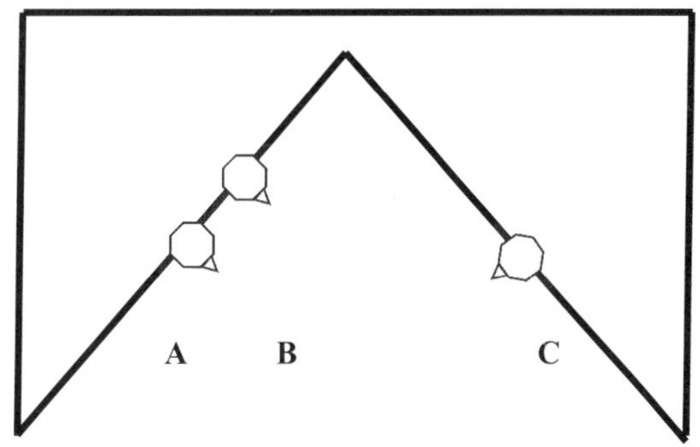

图 2-18　三人平行关系

图 2-18A　三人平行关系

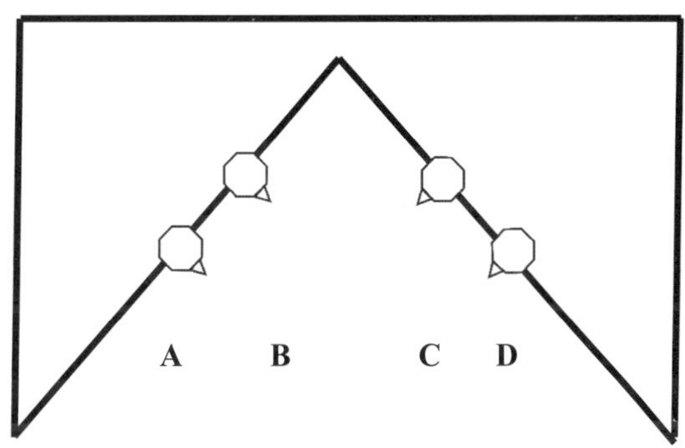

图 2-19　四人平行关系

所谓纵深关系是指演员的站位不是在平行线上展开的,而是形成一定的纵深。最常见的纵深关系是“三角站位”,也就是演员的站位自身也形成一个三角形,B 人物在三角形的顶点,A 和 C 分别在两条腰线上(图 2-20)。如同平行关系可以变化一样,三角关系也可以形成很多种变化(图 2-20A)。我们可以不断地往三个顶点上加人,只要整体不打破三角关系的站位就可以。另外,纵深关系还可以采用“梯形站位”,比如《老友记》第一集的开场里面就有一个梯形关系(图 2-21 和图 2-21A)。

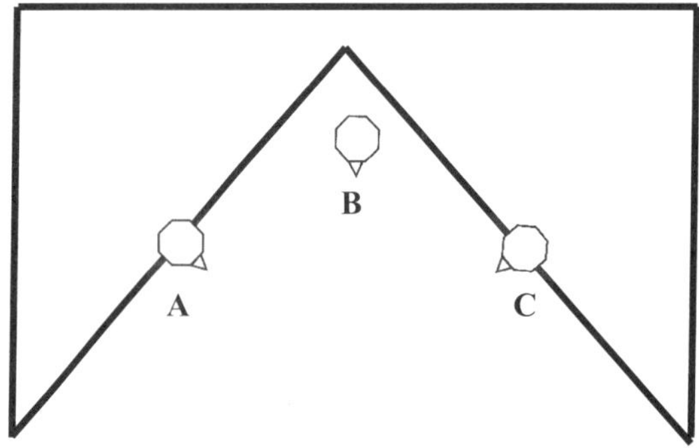

图 2-20　三角关系

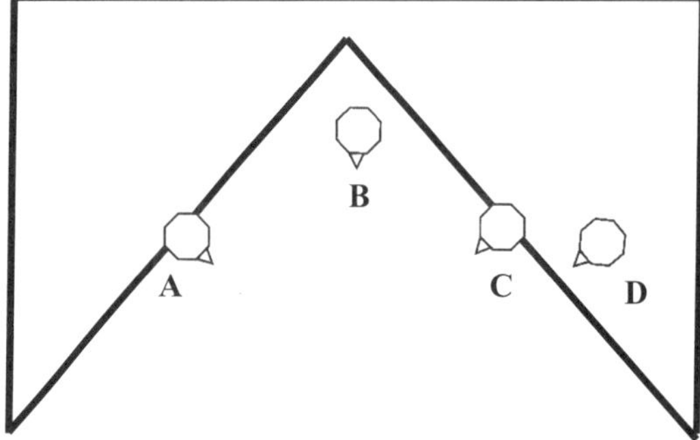

图 2-20A　三角关系的变化

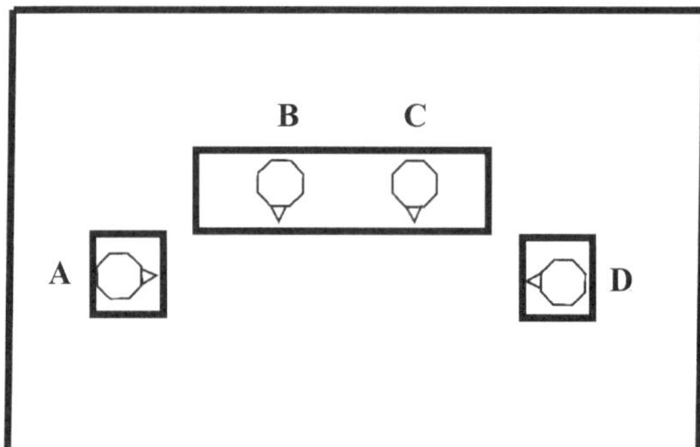

图 2-21　梯形关系

图 2-21A　梯形关系

第四节 情景剧的三机位布局

实际上,我们之所以先谈论情景剧的演员调度,是想让大家明白机位的布局和调度在很大程度上是和演员调度紧密联系的,二者是相辅相成、相互制约的关系。虽然现代情景剧的制作方式越来越丰富,但是在机位布局上并没有一定之规。美国的现代情景剧拍摄至少已经是四个机位了,有的甚至还大量地使用手持摄影机。从教学的角度来说,这些复杂的机位布局知识已经超出了学生需要掌握的范围,而且并不完全利于学生掌握机位布局和镜头调度的最基本规律。因此,我们在讲到情景剧机位布局以及学生进行实践训练的时候,大多数情况下还是会围绕三机位布局来讲。

一、经典三机位布局

前面我们已经讲了演员调度的平行关系和纵深关系。那么,演播室里应该怎样进行机位布局才最适合这样的演员调度呢?以演员的正三角形站位为例,我们会自然地想到也许机位倒三角布局最适合。如图 2-22 所示,一般情况下,我们把

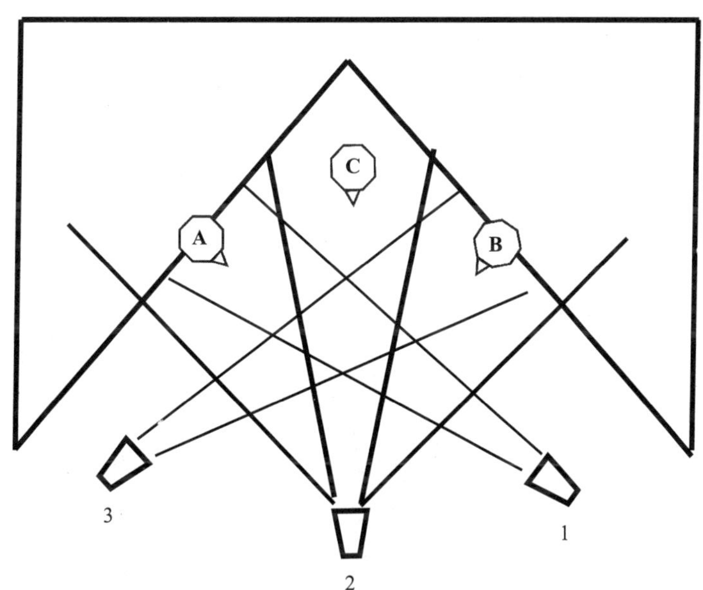

图 2-22 倒三角机位

左边的机位称为 3 号机，中间的机位称为 2 号机，右边的机位称为 1 号机。很明显，用倒三角的机位布局是非常适合拍摄正三角形站位的演员的，因为 1 号机可以用前侧角度镜头拍摄 A，3 号机同样可以用前侧角度镜头拍摄 B，2 号机则更加灵活，可以从正面角度拍摄全景，也可以单独拍摄 C。

在这个机位图中，值得我们注意的是，三个机位的编号并不是从左至右的，而是采取了“3-2-1”的顺序。为什么要把 1 号机和 3 号机的顺序调换一下呢？这实际上跟导播间里监视器的排列顺序有关。大部分情况下，监视器墙上的监视器都会从左至右编号。因此，如果 1 号机在左边，而 3 号机在右边的话，最终呈现在监视器墙上的对话双方的视线方向是相背离的。对于导播来说，这是不符合一般的视线方向逻辑规律的，有可能会干扰导播的判断，尤其对那些经验不足的导播来说问题会更严重。因此，有时候我们会根据监视器墙的设置灵活处理 1 号机和 3 号机的位置。

一般来说，倒三角的三机位布局是经典机位设置方式。首先，从机位的配置和功能来看，倒三角的三机位布局既简洁，又高效。三个机位中的 2 号机可以起到照顾全局的作用，1 号机和 3 号机分别从两侧 45°进行拍摄，这是拍摄人像的最佳角度，无论对于对话还是动作的拍摄来说，都有较好的表现力。所以，只要不是过于复杂的场面，倒三角的机位设置方案都能较好地表现对象。其次，倒三角机位布局的机位位置和镜头调度可以随机应变，在影像语言表达上有一定的灵活性。例如，我们可以将 1 号机和 3 号机的位置从两个顶角拉倒，让其与 2 号机处于同一平行线上。这样，倒三角布局就变成了平行布局（图 2-23）。相比于倒三角布局，平行布局也有着广泛的应用。比如，在各种舞台演出中，当舞台上出现两位主持人或是男女演员时，平行布局就大有用武之地了。最

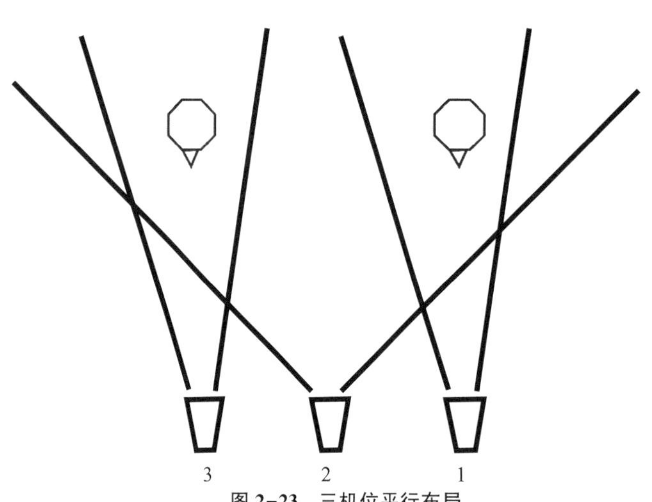

图 2-23　三机位平行布局

后,在多讯道电视节目制作中,无论所面对的对象如何多样、复杂,一对一的演员关系往往是最基本和最核心的调度方案。因此,很多复杂的机位布局,都是从倒三角的机位布局发展而来的。也就是说,倒三角机位布局往往用来拍摄复杂场面中最核心的演员关系,然后再辅以其他机位全面照顾拍摄对象,并丰富镜头语言。例如,在一场斯诺克台球比赛中,虽然要表现的对象很多,但最核心的拍摄对象是一对一的运动员关系。当比赛选手的休息区正好被安置在位于球台一侧的一条平行线上时,倒三角的机位布局就可以发挥作用了(图 2-24)。可以说,绝大多数的节目只要不追求镜头语言的丰富性,用三个机位就够了。

图 2-24　台球转播中的倒三角机位

二、三机位调机规律

调机是对每一个机位的构图、景别、角度和镜头运动的设计、安排与调度。三机位布局作为一种经典机位布局方式,衍生出了调机方面最基本的规律和特点。掌握这些规律和特点,对于我们学习和运用更加复杂的调机大有益处。一般情况下,情景剧的调机方案都是事先制定好的,只需要我们根据剧情和演员调度制定详细而标准的分镜头工作台本就可以了。在台本中,我们需要对每一个镜头的拍摄参数作详细的规定;这些参数从整体上体现了情景剧三机位摄制的调机规律。

(一)镜头运动与区域负责制

镜头运动是调机时需要考虑的一个重要参数。镜头在推、拉、摇、移上有什么规律?机位是否需要频繁地移动?面对这些问题,我们必须建立一个概念——区域负责制。图 2-25 简要说明了这个概念。在这个场景中,1 号机正在拍摄 A,2 号机用正面角度照顾全局,3 号机则将镜头对准前侧 45°方向。假设 A 突然开始往右侧移动,那这个时候 1 号机要不要进行跟摇呢?理论上,1 号机对向右侧移动的 A 进行跟摇是完全可以实现的。但实际要求是不进行跟摇,而是等待 A 进入 3 号机的拍摄区域时用 3 号机进行拍摄,这就是区域负责制。也就是说,在情景剧的三机位布局的调机方案中,三个机位一般情况下不做动作过大的镜头运动,而是用固定镜头抓拍处于自己拍摄区域内的演员或景物。具体而言,2 号机负责正面区域,3 号机负责右前侧区域,1 号机负责左前侧区域。那么,根据这一规律我们再来看图 2-25,具体的拍摄和剪辑方案就很清楚了。首先,我们用 1 号机交代 A 开始向右侧移动的趋势,其次 A 移动的过程和路线可以用 2 号机的正面镜头进行交代。最后,当 A 进入"守株待兔"的 3 号机的拍摄区域后,再切换到 3 号机拍摄。当然,在这个过程中,三个机位在景别上也要展开一定的配合。

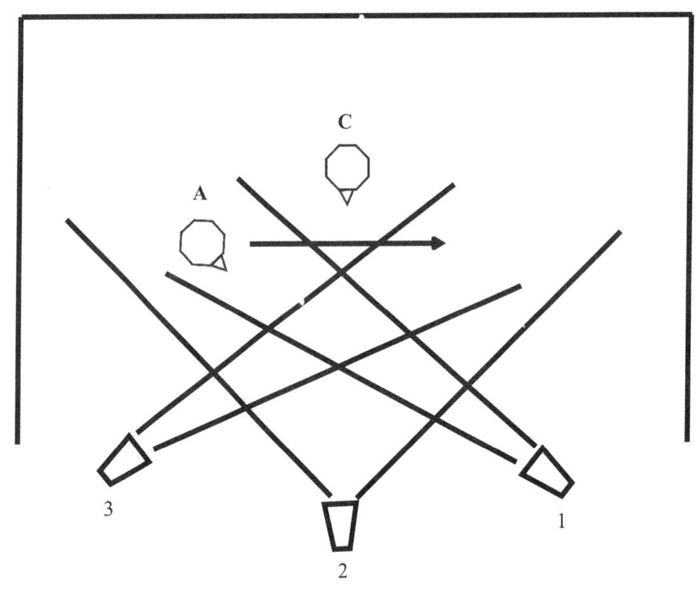

图 2-25 区域负责制

区域负责制的好处是显而易见的。按区域进行分工,各机位的拍摄对象是十分明确的,不容易在紧张的录制过程中造成各机位拍摄对象的重叠或混乱。在图 2-25 中,如果我们让 1 号机进行跟摇,就会使两个机位都对准舞台的右侧区域,从而造成资源的浪费。实际上,在多讯道电视节目制作中,机位的分工在一般情况下都是根据区域来划分的,因为被摄对象大部分情况下活动的区域和位置都是相对固定的。当然,区域负责制并不意味着要对镜头的运动进行限制。实际上,根据某些具体的演员调度要求,机位也可以进行跨区域拍摄,这就是我们常说的机位"活用",关于这一点后面还会提到。

我们再来看一下推镜头和拉镜头。推镜头和拉镜头整体都属于视觉节奏比较慢的镜头运动形式,因此并不适用于讲求快节奏的情景剧。一般情况下,推镜头会在每一集或者是一个新的场景开始的时候使用,而拉镜头一般会在每一集结束的时候使用。其他使用推拉镜头的情况都相对比较特殊,要视具体情况而定。比如在《老友记》中,有两处推镜头值得注意。一次是跟随人物的纵深运动使用了推镜头;另一次是在一个串场镜头里,对瑞秋使用了一个缓推镜头,既调节了节奏,又起到了营造气氛的作用(图 2-26)。

图 2-26 《老友记》中推镜头

(二)镜头角度与景别

对于情景剧镜头运动调度规律的讲解,实际上让我们明确了各个机位的主要拍摄对象,而对情景剧调机中角度与景别的规律则要考虑两个维度的因素:一是影视视听语言的一般规律,二是情景剧内容与制作方式的独特规律。

在一般的影视剧创作中,景别与角度的使用都有着自身的规律。一部影片根据其整体的艺术风格会产生独特的景别曲线,而具体到单个的镜头时,根据拍摄对象的不同,也有一般规律可循。情景剧在内容和整体风格上都是日常化的,这也决定了在景别和角度的使用上保持整体的平实风格。一般情况下,我们很难在情景剧中看到夸张的特写镜头或是戏剧效果强烈的两极镜头。同样在角度的调度上,情景剧也尽力追求朴实的风格。从拍摄的创作要求来看,由于情景剧拍摄的对象大部分都是对话中的人物,所以我们一般会采取和人物等高的前侧角度进行拍摄,这个拍摄角度主要是针对 1 号机和 3 号机而言的,而 2 号机给出的一般都是等高的正面角度镜头。但是,在情景剧拍摄中,演员不可避免地要站起来或是坐在某个地方,所以实际上在拍摄坐着的人物时,我们都是采用略微俯拍的角度。这并不是说降低摄像机的高度而采用平视的角度不好,而是情景剧高效率制作的要求使得我们不可能频繁地调整摄像机的高度。下面来着重看一下对景别进行调度的细节问题。相对于角度而言,景别的调度显得更加重要和复杂。

1.大全景

情景剧拍摄最常用的五种景别的镜头是大全景、小全景、中景、中近景和近景。一般情况下，大全景是以交代整个场面、营造气氛和气势为目的的景别。情景剧受单一场地空间的限制，对于反复出现并且狭小的空间的表现不需要频繁使用大全景。一般情况下，全剧的第一个和最后一个镜头会使用大全景，主要目的是在开篇时交代空间环境，在结尾形成呼应并表示结束。

2.小全景

一般情况下，小全景用来交代人物关系以及局部的空间环境。为了增加故事的戏剧冲突，情景剧往往在每个段落里都会有多个演员，因此，需要频繁地使用小全景来交代不断变化的人物位置关系。一般情况下，当变换到一个新的场景后的第一个镜头都会用小全景。但是，现代情景剧的拍摄强调多时空平行发展以及相对快速的画面节奏，因此，我们也要根据情况灵活进行处理。在《老友记》第一集中，某一个晚上，钱德勒和乔伊正在帮助罗斯组装他的新家具，与此同时瑞秋正在家中打电话，莫妮卡正在和厨师保罗共进晚餐。于是，我们看到剧情频繁地在这三个不同的场景间来回切换。在这个时间段内，镜头先后三次切换到了罗斯的家中。其中，第一次的时候使用了一个小全景来交代三人的位置关系和罗斯家中的环境（图 2-27）；第二次切回来的时候直接使用了罗斯和钱德勒的中景（图 2-28）；到了第三次，则先用了一个罗斯的中近景（图 2-29），然后又立即接了一个三人的小全景（图 2-30）。我们发现，导播在三次回到罗斯家中的镜头景别选择上其实是很有讲究的。第一次进入罗斯家中时使用了一个小全景，因为观众对这个场景和场景中的人物还不熟悉；第二次切回来的时候，因为三人的位置关系和上一次相比没有发生太大的变化，并且为了加快画面节奏，就直接使用了中景；到了第三次，第一个镜头用小景别关注罗斯的表情，而且产生了画面节奏的变化，但是此时三人的位置已经发生了很大的变化，所以导播又紧跟了一个小全景来进行补充说明，使观众不至于产生混乱的感觉。这个例子其实是告诉我们，在影视创作中对于镜头景别的考虑不但要照顾到“空间表现”的要求，而且要融入“时间”的维度。当每次切换到一个新的场景时，是否要在第一个镜头使用小全景来交代环境和人物关系，是需要我们仔细推敲的。

图 2-27　小全景

图 2-28　罗斯和钱德勒中景

图 2-29　罗斯中近景

图 2-30　三人小全景

小全景在情景剧的拍摄中还起到“安全画面”的作用。实际上,小全景的这一作用对于其他很多节目也同样适用。对于“安全画面”,我们可以采用逆向思维来理解,也就是看看什么是所谓的“不安全画面”。假设在节目录制过程中的某一刻应当用 1 号机拍摄 A,但是 1 号机可能没有及时拍到 A,或是导播在忙乱中忘了镜头切换顺序而切错了,这个时候就出现了“不安全画面”。在这种危急的情况下,我们就可以用 2 号机拍摄的小全景画面来掩盖出现的各种失误,因为全景画面会照顾到场景内的所有人,而且一般情况下不会出现构图上的问题。当然,成熟的导播一般是不需要使用安全画面的,而对于新手来说,在练习的过程中学会使用安全画面则是一项必备技能。

3. 中景和中近景

中景和中近景是情景剧拍摄时使用的主体景别,这两个景别在情景剧拍摄中一般可以占到 60%以上。情景剧的剧情主要围绕演员的对话展开,再辅以一些简单的动作与姿态,但演员的动作和表情细节又不像其他电影或电视剧一样是表现重点。因此,中景可以主要用来关注人物的动作与姿态,同时还可以兼顾一部分对话与人物关系,而中近景则更擅长关注人物对话时的表情与动作细节。

4.近景和特写

近景在情景剧中一般很少使用,特写更是少之又少了。一方面是因为情景剧在内容表现上并不强调追求强烈的戏剧效果;另一方面是因为情景剧的制作方式在某种程度上限制了我们频繁地使用小景别镜头。从摄影构图的角度来说,近景和特写这样的小景别镜头往往对构图的要求很高,光线和角度等都需要精雕细琢。而情景剧的制作要求既快速又高效,在现场多讯道录制过程中,这种精雕细琢的工作往往是不允许的。因此,近景和特写很少在情景剧中使用。

结合三机位的拍摄区域、景别以及角度,情景剧三机位布局镜头调度的一般规律如下:2 号机主要负责正面的小全景,少量的中景、中近景以及极少量的大全景;1 号机、3 号机主要负责前侧角度的中景或中近景、少量的近景以及小全景。各机位镜头角度以和拍摄对象视线基本等高为原则,在此基础之上再根据演员调度进行俯角和仰角的拍摄。

三、演员调度的注意事项

演员调度和镜头调度是相辅相成、相互制约的关系。因此,在了解了三机位布局以及镜头调度的最基本规律后,我们必须还要重新回顾一下演员调度的问题。也就是说,演员调度要和镜头调度结合起来,才能达到完美的画面效果。

无论是平行关系还是纵深关系,多样化的演员调度方案最终是要呈现在电视画面上的。因此,我们必须从摄影构图的角度进一步地修正调度方案。在这里,我们主要针对上面所说的平行关系的调度再作一点补充。平行关系的调度在情景剧里是最常用的一种演员调度方式,因此,在实战中我们还需要对它进行更深入和细致的研究。

我们可以进一步把平行关系的调度细分为“平行等高调度”和“平行高低调度”两种,这两种细分的调度方式都有一些需要注意的地方。所谓“平行等高调度”是指演员沿一条平行线展开而且高度基本在一条水平线上。这个时候导播要注意演员的站位与交叉机位的配合。在三机位布局中,1 号机和 3 号机的拍摄形成了一种交叉关系,如果演员调度采取双人平行的方案,1 号机和 3 号机只要分别负责拍摄自己区域里单人的前侧角度镜头就行了。但如果这个时候两位演员的站位不是很合适,彼此间离得太远或太近,那么对于自身活动区域受限制的摄像机而言,拍摄起来就会有一定的不便。比如,两人离得太近,那么有可能另外一个人身体的一部分会进入画面。如果此时不是一个严格意义上的过肩镜头的话,画面就会显得不够干净和完美。当然,还有一种情况就是沿平行线展开的有好几位演员,这时可能拍摄一个非常干净的单人镜头就会变得相对困难。所以,导播要根据具体情况灵活变通!

所谓“平行高低调度”,指的是演员整体沿一条平行线展开,但高度不在一条水平线上。比如,有的演员坐着,有的演员站着,站着的那个演员肯定就会比坐着的演员高。如果用平行高低调度这样的一种安排就形成了演员间的高低错落,在画面视觉节奏上也有了一定的变化,使画面显得更加活泼。但这种方式同时也带来了一个问题,就是画面构图的均衡性问题。“均衡”是摄影画面构成所要遵循的一个原则,追求的是画面中的物体在整体视觉上形成一种平衡感。形象地说,我们可以想象画面中有一个天平,如果将所有的人和物都集中在画面的右侧或者左侧,这样画面给人的感觉就倒掉了,这就是均衡。实际上,决定均衡最重要的两个因素就是重量和体积。① 一般来说,在画面中站着的演员会因为体积大而在视觉上显得更重一些。所以,如果一个演员坐在左边,一个演员站在右边,画面就会显得不均衡。根据这个原则,我们来看图 2-31。这个镜头中有三个演员,中间站的演员我们可以把她想象成一个支点,两侧坐着的演员就好比是两个质量相等的砝码。于是,虽然三人形成了高低的落差,但整个画面还是均衡的。这其实就是处理均衡的一个很好的方法。

图 2-31　“平行高低调度”中的画面平衡 A

再来看图 2-32。这幅画面里有五个演员,其中四个沿一条平行线坐着,另外一个站在画面的左侧。按照上面所说的重量和体积的原则,人因为站着显得面积

① 郭艳民,顾洁.摄影构图:第三版[M].北京:中国传媒大学出版社,2015:4.

图 2-32 “平行高低调度”中的画面平衡 B

大,那很明显应该是左边显得更重一些。但实际上,这幅画面在视觉上并没有让人觉得不舒服。那么在画面的右侧到底多了什么力量而使整个画面达到了均衡的标准呢?这里我们可以逆向思考一下,假设把这个站着的演员放置到画面右侧,而坐着的人不动,大部分观众都会觉得画面的右侧重了。于是,我们得到一点启示:画面自身的各个位置也是带有视觉力的。举个最简单的例子,假设将一张矩形的白纸放在我们眼前,白纸上什么都没有,那么白纸的左侧重还是右侧重呢?换句话说,我们的视觉力是加在画面的左侧还是加在画面的右侧?答案是:右侧!这里实际牵涉到一个“视觉中心”和“视觉重心”的概念。[①] 这也是视觉心理学总结出来的概念和规律,而且是根据绝大多数人日常生活中的视线路径得出的规律。一般情况下,人眼看东西都是自左至右的,也就是说首先映入眼帘的应该是左侧的人和物,因此,我们将画左称为“视觉中心”。然后视线往右走,最后停留在画面右侧,也就是把视觉重力加在了画面的右侧,因此,我们一般将画右称为“视觉重心”。基于这条规律,再来看图 2-32,虽然左侧站了一个人,但右侧的一大片空白处却承载了我们的视觉重力,所以整个画面还是均衡的。那“视觉中心”有什么作用呢?视觉中心是最先吸引观众眼球的地方,所以,一般情况下,我们会把相对重要的演员放在画面左侧。“重”和“中”,看似只有一字之差,可是里面大有玄机。因此,情景剧的演员调度实际上是很有讲究的,站位、高低等因素不但会影响视觉美感,而且对剧情内容的表达也至关重要。

目前为止,我们所谈论的都是针对静态摄影的规律。在动态影视艺术中,影响画面均衡的因素还有很多。以我国第一部现代家庭情景剧《我爱我家》中的一个片段为例,在这个段落中有几幅画面的均衡性问题是十分突出的。我们先看图 2-33,这个镜头和图 2-32 很类似。三个演员呈三角形关系,虽然高低错落,但整

---

① 郭艳民,顾洁.摄影构图:第三版[M].北京:中国传媒大学出版社,2015:7.

个画面是均衡的。随着剧情的发展，演员都集中到了画面的右侧（图2-34）。这时候，如果按照上述“左轻右重”的规律，很明显拥挤的画面右侧显得重了，也就是说，这个镜头如果作为一幅静态的画面来看，均衡的目标是无法实现的。但是，这是一个电视镜头，是运动的摄影艺术，是声画结合的影像。虽然右边有三个人，但是左侧多了一个声音元素，也就是位于画左的演员此时正好在说话，声音在一定程度上吸引了观众的视线，也顺势分担了画面右侧的视觉重力。因此，对于电视艺术创作来说，演员调度是一门很深的学问，内容形式相对平实的情景剧只触及了皮毛而已。

图 2-33　“平行高低调度”中的画面平衡

图 2-34　具有动态因素的“平行高低调度”

第五节　情景剧摄制的综合调度

在上一节中，我们已经介绍了情景剧摄制中有关演员调度、机位调度和镜头调度的最基本概念和规律。现代情景剧的拍摄实际上要更加复杂，在很多方面甚至可以与一般的电视剧相媲美。为了加强学生对情景剧摄制技法的深度理解，激发学生艺术创新的自主性和积极性，我们认为有必要让学生了解一些情景剧摄制的进阶技法。这些进阶技法综合了演员调度、机位调度和镜头调度的一些复杂技巧，可以很好地丰富情景剧的视听语言，增加画面的观赏性，甚至还可以提升情景剧的制作效率。因此,在这一节中我们将主要介绍“演员的纵深调度”“机位的活用调度”和“运动镜头的内部调度”三种情景剧摄制的综合调度技法。

一、演员的纵深调度

加强情景剧的纵深调度和纵深表现是情景剧拍摄最重要的努力方向,也是我们在拍摄情景剧时需要建立的首要观念,还是我们提升画面语言专业性和可视性最先做的工作。所谓纵深调度,就是通过演员调度或机位镜头调度尽量在画面内创造纵深感。为什么对于情景剧来说创造纵深感很重要呢?首先,从画面语言创作的一般规律来看,画面语言的重要任务就是在二维的图框世界内表现出三维世界的纵深感和立体感,情景剧的画面创作也不例外。其次,我们需要通过创造纵深感来解决情景剧画面语言单调性的问题。情景剧的时空特征是比较单调的,而且受拍摄方式的限制,画面语言整体上来说缺乏观赏性,无论是被拍摄的对象,还是拍摄时使用的角度、镜头运动等都比较乏味。因此,情景剧在遵循平实的画面风格的同时,也需要考虑在有限的空间里给观众带来一些丰富的画面语言、场面调度和镜头调度。于是,纵深调度,包括运动镜头的内部调度以及机位的“活用”调度都是从这个角度出发的。

实现纵深调度的方法有很多,最基本的就是通过演员调度,也就是演员的站位与走位来实现。再回到前面所说的演员调度的基本关系,我们发现,三角关系是一种更合适的调度方案,因为三角关系自身就可以算作是一种纵向调度,只不过纵深感没有那么强烈而已。表 2-1 是一个较典型的纵深调度段落。

表 2-1 《老友记》纵深调度段落分析

镜号	图号	景别	摄法	画面内容	图示
1	图 2-35	全景	固定	大家一起在客厅聚精会神地看电视。	

续表

镜号	图号	景别	摄法	画面内容	图示
2	图 2-36	近景	固定	电视中正在播放电视剧。	
3	图 2-37	中近景	固定	莫妮卡:我猜他送她一台管风琴,但她并不开心。	
4	图 2-38	全景	固定	其余人继续坐在沙发上看电视,瑞秋在后排聊电话。	
5	图 2-39	中近景	固定	瑞秋:爸,我不能嫁给他。抱歉,我并不爱他……但我在意。	
6	图 2-40	近景	固定	电视中正在播放电视剧,电视剧中两位女性在争吵。	

续表

镜号	图号	景别	摄法	画面内容	图示
7	图 2-41	全景	固定	钱德勒：她不应该穿那条裤子。乔伊：推她下楼。（瑞秋仍在聊电话）	
8	图 2-42	近景	固定	电视剧中人物开始推搡。	
9	图 2-43	全景	固定	齐声说：推她下楼，推她下楼……（瑞秋仍在聊电话）	
10	图 2-44	近景	固定	电视剧中蓝衣女士被推下楼梯。	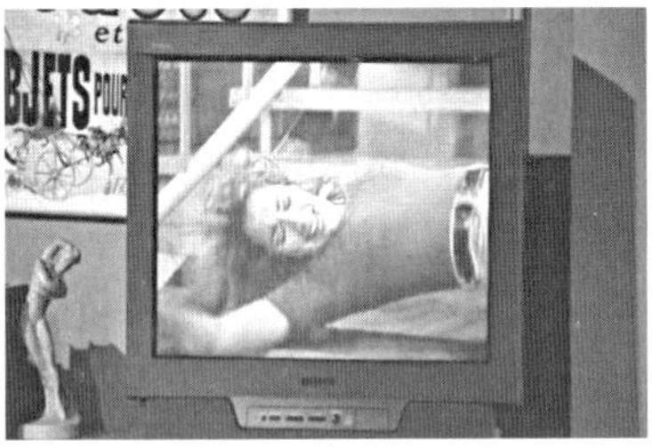
11	图 2-45	全景	固定	齐声鼓掌欢呼：这就对了！（瑞秋仍在聊电话）	

续表

镜号	图号	景别	摄法	画面内容	图示
12	图 2-46	全景	推	罗斯起身走去冰箱，瑞秋仍在聊电话，罗斯望向瑞秋。	
13	图 2-47	中近景	固定	瑞秋：爸，你听我说。我这辈子大家都说，你是一双鞋……	
14	图 2-48	全景	固定	大家听到瑞秋的声音都回头看向瑞秋。	
15	图 2-49	中近景	固定	瑞秋：今天我不再想当鞋，我说如果我想当皮包呢？或者是帽子呢？不，我不需要你帮我买帽子，我说我是一顶帽子，爸，这是一种比喻……	
16	图 2-50	全景	拉	罗斯（慢慢走回沙发旁）：我们没法看电视了。	

续表

镜号	图号	景别	摄法	画面内容	图示
17	图 2-51	中近景	固定	瑞秋:爸,这是我的人生。或许我会和莫妮卡住在这儿。	
18	图 2-52	全景	固定	众人回头看向莫妮卡。	
19	图 2-53	中景	固定	莫妮卡:我想我们已事业有成,她要和莫妮卡住在这儿。	
20	图 2-54	全景	固定	大家继续看向瑞秋。	
21	图 2-55	中近景	固定	瑞秋:或许那是我的决定,或许我不需要你的钱,等等……我说或许!	

在图 2-38 中我们看到，演员分别落位于画面的前景和后景，这就是一个典型的纵深调度。画面有两个层次，每个层次都有各自的人物和故事，因此画面无论是从信息量上还是从视觉构成上都是丰富的。但这对于纵深调度创作来说还是不够的，还必须从视觉和内容两个层面加强前景和后景之间的联系。所谓从视觉上加深前景和后景之间的联系的目的是让观众能够同时注意到前景和后景的内容，要加强前景和后景表演内容内在的矛盾冲突。那么，这个纵深调度都是通过哪些方式来实现视觉和内容层面的联系的？

首先，图 2-38 中，虽然瑞秋位于画面的后景，看似不容易被观众注意到，但是导演刻意安排了她打电话的表演内容，于是就有了“声音的引导”。也就是说，当有纵深调度的时候，观众的视线往往更容易被前景吸引，而纵深调度的根本目的是要让观众同时注意到前景和后景，所以声音元素的加入就起到了一个很好的引导作用。当然，声音只是这个段落借用的一个手法。除此之外，加入较为夸张的动作也能成为一个吸引观众眼球的元素，当然前提是要符合剧情内容的安排。

其次，在图 2-46 中，罗斯突然开始从前景往后景移动，这也是一种非常有效的加强前景和后景联系的方式，也就是通过演员的运动来勾连纵深空间。更加值得注意的是，随着人物的运动，镜头也顺势完成了一个推镜头。这个推镜头的作用是明显的，它可以强化演员向后运动的动势，同时也起到了带动观众视线的作用。在这个推镜头之后，紧跟着就是一个拍摄画面后景的中近景(图 2-47)。这种用人物运动辅以镜头运动的方式非常巧妙，不着痕迹地完成了演员的纵深调度。

进一步推敲我们会发现，纵深调度设计中还有很多精妙之处。比如，为了应用运动镜头，导演使用的是一个前侧的低角度机位。换句话说，如果应用一个正面等高视角的机位，那么这个纵深运动的表现就不会这么完美了。然后，导演又巧妙地让罗斯走回到了前景，与此同时原来已经推上去的镜头又随着演员的运动自然而然地拉了回来，恢复到正常的拍摄位置(图 2-50)。

总结一下，这个段落使用了人物的运动、声音的引导以及镜头的运动来创造和强化纵深调度。在实践中，创造和强化纵深调度的方法其实还有很多，我们应当努力探索并注意总结。当然，纵深调度是情景剧画面语言应当追求的首要目标，但是也要防止生硬和机械地追求纵深调度，任何画面语言的设计都不能脱离剧情而独立存在。另外，这个段落的纵深调度其实更多是视觉上而非内容设计上的，是从丰富场面调度和镜头调度这个角度出发的,而在内容上的考虑相对较少,前后表演区在内容和剧情上的联系并不是设计的重点。当然,情景剧不是电影,简单剧情的定位不允许甚至也不需要这样复杂的设计。

二、机位的“活用”调度

在三机位布局的拍摄任务中,我们讲了一个最基本的规律叫“区域负责制”,即在一般情况下,为了明确各机位的拍摄任务并提高拍摄效率,1 号机和 3 号机主要以前侧角度形成交叉拍摄,而 2 号机主要负责正面角度的拍摄。但是区域负责制也会产生镜头语言比较简单和机械的缺点,在剧情较复杂的情况下,区域负责制有时还会变得捉襟见肘,难以应付复杂的演员调度,因此,这时就需要使用机位的“活用”调度。所谓“活用”调度,是指各机位超出了自己应在的拍摄区域转而拍摄其他区域。在实践中,三个机位都可以“活用”。“活用”的形式有很多,但在实践操作中有一些原则需要掌握。为了说明这一点,我们用以下这个段落来说明。

表 2-2 《老友记》机位“活用”调度段落分析

镜号	图号	机位	景别	摄法	画面内容	图示
1	图 2-56	4	全景	固定	罗斯:我应该用蜗杆将托架装在侧面。	
2	图 2-57	3	全景	固定	罗斯:但我没看见托架和蜗杆,而且我脚好麻。	

续表

镜号	图号	机位	景别	摄法	画面内容	图示
3	图 2-58	2	全景	固定	钱德勒和乔伊捡起地上的零件，看着架子。	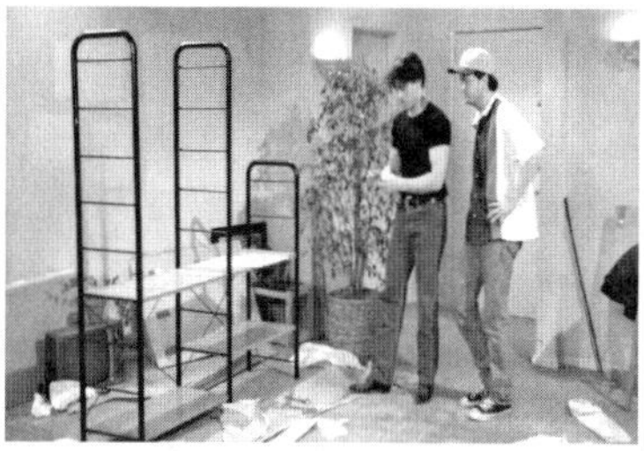
4	图 2-59	3	中近景	固定	乔伊：这是什么？钱德勒：我也不知道。	
5	图 2-60	1	中景	固定	（乔伊趁罗斯不注意将零件扔进花盆里）二人：书橱好了，大功告成。	
6	图 2-61	2	中景	固定	罗斯拿出一罐啤酒。	
7	图 2-62	3	中景	固定	罗斯：这是卡罗最爱喝的啤酒。	

续表

镜号	图号	机位	景别	摄法	画面内容	图示
8	图 2-63	1	中景	固定	罗斯表情复杂,乔伊点头。	
9	图 2-64	3	近景	固定	罗斯:她总是不用杯子喝,我早看出蛛丝马迹。	
10	图 2-65	1	中景	固定	乔伊:罗斯,我问你,家具、音响和电视全在她那儿,你分到什么?	
11	图 2-66	3	中近景	固定	罗斯:你们!	
12	图 2-67	1	中景	固定	钱德勒和乔伊:天啊,你完蛋了!	

在图 2-56 中,演员呈现出了一个非常规的倒三角形。然而,从图 2-58 开始钱德勒和乔伊都集中到了画面的左侧,从整体的角度来说是左侧有两个人,右侧有一个人。此时,如果左侧的两个演员彼此间有对话的话,只用 1 号机来拍摄就能同时把两个人都放在画面中。但实际上这连续的三个画面的景别和角度都各有不同。于是,可以想见,如果单用 1 号机是肯定无法完成这一任务的,因此这里一定有机位的“活用”发生。实际上,这三个连续的画面分别是由 2 号机、3 号机和 1 号机拍摄的(图 2-58、图 2-59、图 2-60)。比照既定拍摄区域,其实 2 号机和 3 号机都进行了“活用”。也就是说,三个机位都同时在负责拍摄这一区域。因此,我们发现,“活用”机位确实丰富了这一区域人物和对话的表现。

然而“活用”的情况毕竟是暂时的,各个机位在大部分时候还是要坚守自己的岗位的。因此,有“活用”就要有“复位”。我们来看一下 1 号机和 2 号机“活用”以后是怎样进行复位的。在图 2-61 中,罗斯开始走向钱德勒和乔伊,这个镜头其实是 2 号机拍摄的。但这里有一个问题,3 号机可不可以给出这个罗斯的镜头呢?理论上当然也可以,从拍摄角度来说,3 号机好像比 2 号机更合适,因为它可以给出一个更加标准的前侧角度镜头。从调机的可能性来说,3 号机也来得及“调转枪口”拍摄罗斯,但是下一个镜头(图 2-62)很明显地告诉我们这才是 3 号机拍摄的,因此,上一个镜头应当是 2 号机拍摄的。然后接下来的镜头毫无疑问就应该是 1 号机拍摄的(图 2-63)。所以,这个段落完整的镜头顺序可以总结如图 2-68 所示。

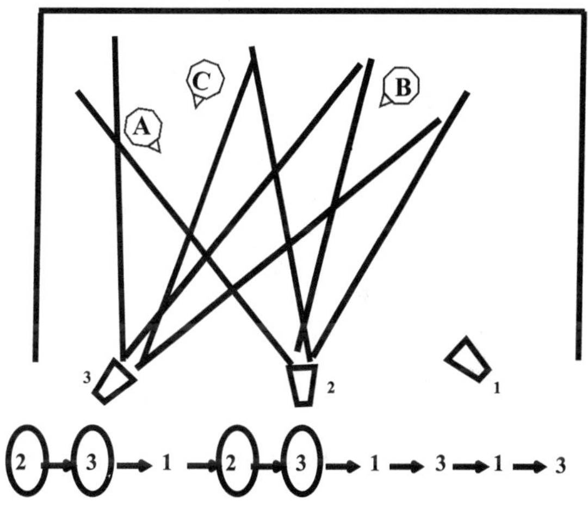

图 2-68　“活用”段落镜头顺序

可见,机位的“活用”调度确实可以增加某一个拍摄方向上镜头语言的丰富性。当两个甚至是三个机位都对准某一个区域或演员时,就可以获得多角度、多景别的效果。其实,这种机位“活用”调度可以是编创人员主动追求的艺术效果,也可以是剧情和演员调度需求不得已而为之的方法。但是,无论是主动追求,还是不得已而为之,在实战中还需要注意一个问题,即机位“活用”的首要原则是保证拍摄和切换的可行性与顺畅性。虽然机位“活用”可以创造丰富的画面语言,但情景剧的录制毕竟受到多机位现场切换录制方式的限制,因此,为了保证录制的效率,我们不能为了过分追求复杂的画面语言而不考虑多机位现场拍摄和切换的可能性。情景剧镜头顺序看似简单,其实里面暗藏玄机。比如,当遇到一个拍摄任务有两个机位都可以完成并且都能保证一定的构图质量时,应该选择哪个机位呢?一般情况下,这个时候我们需要对完整的镜头链进行考量,要考虑到每一个机位拍摄的前一个任务和下一个任务。总体原则是要留够一定的时间让机位在相邻的两次拍摄任务之间完成对构图、角度、景别和焦点的调整,只有这样才能保证整个同期拍摄的流畅性与稳定性。所以,其实在这个段落中我们可以看到,基本上任何一个机位两次拍摄任务之间都可以插入另一个机位的拍摄,这样也就有足够的时间让摄像师进行调整了。当然,为了保证拍摄切换的可行性与顺畅性,在剧本设计和演员调度上也要有所考虑,即演员的位置关系、台词、动作等都必须和拍摄切换彼此间形成较为顺畅的配合。

三、运动镜头的内部调度

情景剧平实的创作风格和多机位同步录制的拍摄方式决定了一般意义上的运动镜头(推、拉、摇、移、升、降、甩、跟)在情景剧中的运用并不多。其中,相对运用较多的应当是摇镜头。但是在情景剧中运用摇镜头一般比较强调其客观属性,很少出现主观属性。大多数情况下,摇镜头的使用都是由演员的运动引起的,也就是使用摇镜头或跟摇镜头交代演员的位置变化和行动路线。其实,在一般的影视剧创作中,镜头的运动可以产生非常丰富的调度形式。对于情景剧来说,在技术条件允许的范围内,应用一些复杂的运动镜头调度确实可以给画面语言带来一些变化。我们先来看表 2-3 中给出的段落是如何应用运动镜头的内部调度技巧的。

表 2-3　《老友记》运动镜头内部调度段落分析

镜号	图号	景别	摄法	画面内容	图示
1	图 2-69	中近景	固定	罗斯:瑞秋,你打算如何度过今晚?	
2	图 2-70	中近景	固定	瑞秋:我应该在前往阿鲁巴度蜜月途中。因此没了。	
3	图 2-71	中景	固定	罗斯手扶头表示尴尬、惆怅。	
4	图 2-72	中近景	固定	罗斯:我懂,你没去度蜜月,虽然阿鲁巴在此时有很多……大蜥蜴。	
5	图 2-73	近景	固定	瑞秋面露尴尬、疑惑神色。	

续表

镜号	图号	景别	摄法	画面内容	图示
6	图 2-74	中近景	固定	罗斯:如果你今晚不想独处,乔伊和钱德勒要到我那儿组装新家具。	
7	图 2-75	全景	固定	乔伊和钱德勒(上场入画):对,我们都相当高兴。	
8	图 2-76	近景	固定	瑞秋:谢谢,但我今晚想待在这儿。	
9	图 2-77A	近景	跟摇	瑞秋(起身离去):我被折磨了一天。罗斯:好的。	
	图 2-77B				

续表

镜号	图号	景别	摄法	画面内容	图示
10	图 2-78	中近景	固定	乔伊和钱德勒：菲比，你想来帮忙吗？	
11	图 2-79	中近景	固定	菲比：我希望如此，但还是不了。	
12	图 2-80	中近景	固定	乔伊和钱德勒无奈点头。	

在这个段落中，罗斯和瑞秋一开始正在进行一对一的对话，然后钱德勒和乔伊上场站在瑞秋的身后。随即瑞秋起身向后转，从钱德勒和乔伊身后下场。而在瑞秋走到钱德勒和乔伊身后时，二人开始与罗斯进行对话。这三个镜头属于比较常规的处理：镜头分别跟拍说话人，然后用一个大景别的镜头交代钱德勒和乔伊的入画，紧接着是关于瑞秋起身离场的调度。一般来说，可以有两种比较常规的方法，一种是在动作中剪辑，一种是运动镜头的内部调度。所谓"在动作中剪辑"是最普通的方式，也就是先用小景别交代整个动作的前半部分，然后用一个大景别交代动作的后半部分。但是，在这个段落里，瑞秋离开的同时新上场的钱德勒和乔伊还要紧接着说话。因此，比较合理的处理方式就是再次使用小景别拍摄钱德勒和乔伊的双人镜头。那么，整个过程下来，这个段落用了三个镜头来表现这一组演员之间的调度关系。

其实,这个段落用的正是"运动镜头的内部调度"。首先,使用小景别交代瑞秋站起来的动作,接下来用同一个机位跟摇瑞秋,这也属于正常的处理方式。情景剧的镜头运动往往都是被动的,多由人物的运动引起。这个跟摇镜头的巧妙之处在于,拍摄过程中景别缓缓拉开,最后落幅以一个中近景的景别框住了钱德勒和乔伊,然后钱德勒和乔伊在镜头刚刚停止时随即开始说话。于是,这样一个运动镜头实际上起到了三个镜头的作用,在没有使用任何镜头切换的前提下完成了对瑞秋离场、钱德勒和乔伊入场并说话这一系列动作的交代。这些动作都发生在这个运动镜头的内部,故我们称为"运动镜头的内部调度"。

很明显,使用这样一个运动镜头的内部调度有以下优势:

第一,增加画面的美感和丰富性。运动镜头相比于固定镜头而言,其平滑流畅的动势与韵律更能带给观众视觉上的美感。在以固定镜头为主的情景剧里适当地设计和使用运动镜头还可以增强画面调度和语言的丰富性。

第二,使画面更简洁和流畅。在运动镜头内部对演员台词和动作的调度,可以极大地简化镜头调度与画面切换。省去几个切换点可以在一定程度上加快画面的叙事节奏,避免重复使用单调的固定画面。

第三,制作的高效与便利。运动镜头内部调度对于一个经验并不丰富的制作团队来说可能是有一定难度的。比如,摄像师在整个镜头的运动过程中要保证构图、焦点等一次到位,而演员的走位以及台词都得和运动镜头进行完美的配合。但是,如果是经验丰富、配合熟练的团队,这样的运动镜头内部调度并不算复杂。因此,在实战中大量运用运动镜头的内部调度,有时候反而能对拍摄和切换起到一定程度的简化作用。

第六节　情景剧的镜头选择与切换

在完成了演员、机位和镜头的调度后,导播面对三台监视器应迅速地完成镜头选择和切换。实际上,演员、机位和镜头的调度就是为了给导播准备好镜头。一般情况下,三个监视器的画面也可以有不同的镜头选择和组合方式。总体而言,镜头选择与切换还是有一些规律可循的。这些规律反过来也是导播对演员、机位和镜头调度的指导。具体而言，可以总结为三个动机：空间与时间动机、声音动机和动作动机。

一、空间与时间动机

任何故事都是发生在一定的时间和空间内的。情景剧的时空相对简单，因此，无论是画面语言还是镜头调度都会变得单调。所以我们必须想方设法地创造变化，以丰富观众的视听感受。

在空间的表现上，我们主要用大全景来交代故事情节发生的地点，尤其是在剧情刚展开时，大全景可以帮助观众建立起对空间环境信息、景物关系、光线氛围的完整认知（图 2-81）；而在转入一个新的场景时，一般会用小全景来交代环境。

图 2-81 《老友记》开场大全景

情景剧一般都是在室内拍摄的，这就带来了一个难题：如何让观众感知到每一个场景的时间。常用的策略是转入一个新的场景时，先拍一个外景镜头，然后再转入室内景。但其实我们知道，情景剧来来回回也就几个主要的场景。如果再结合情景剧空间表现，那是否可以每一次都用一个“外景画面+室内全景”的组合来交代场景的转换呢？这样的话会缺少变化，因此，我们要尝试打破既有的规律。情景剧的连续播出以及场景的相对固定，促使我们没有必要每次都用全景来开场。假设我们用一个闹钟的特写来作为一个新的场景的第一个镜头，可以起到既交代时间又产生场景变化的作用。

对于时间的表现，除了告诉观众一个大致的时间点以外，还需要交代时间的流逝。通常的做法是在场景与场景之间使用淡入或淡出这样的技巧转场。但从世界范围来看，从 20 世纪 80 年代开始，情景剧叙事的节奏普遍都在加快。于是，很多无技巧转场开始代替淡入和淡出的手法。例如，在前一个段落的最后一个镜头使用一个特写镜头，然后紧接着用一个大全景镜头直接跳转至下一个场景，通过“两极镜头”让观众在视觉上产生一个区隔，或者还可以用声音进行转场，这也是现场观众发出笑声的一个重要原因。

二、声音动机

声音动机应当是情景剧画面切换最主要的依据了。这是因为情景剧在某种意义上就是以“对话”为主体内容的。单纯的动作表现以及所谓的“抒情写意段落”在情景剧中很少被用到(当然不排除前面提到的针对瑞秋的那个推镜头)。因此,情景剧画面切换的最重要依据就是“谁讲话给谁画面”。

在情景剧中,声音不仅是画面切换的依据,而且是镜头拍摄的依据。这一规律看似简单,实际操作起来却很有讲究。实际上,室内多讯道现场制作节目从整体上可以分为“语言类”和“音乐类”两大类。情景剧和各种演播室访谈节目、谈话节目都属于语言类。语言类节目的画面切换在很多时候都具有相通性,比如,剪辑点与说话时间长短的对应关系、反应镜头的运用等。

三、动作动机

在情景剧的画面切换中,动作动机相比于声音动机处于次要地位,但在实际操作中却比声音动机更复杂。情景剧演员的动作可以分为场面动作和细节动作。就剪辑而言,这两类动作的剪辑分别有不同的要求和规律。

所谓场面动作,指的是由演员的场面调度引起的人物的动作和行动,包括人物的上下场、位置的移动、转手弯腰、站立坐下等一般性动作。对于这类动作,画面处理的基本规律是用一个“大景别+小景别”的镜头组合来分别交代人物场面动作的全貌和细节。以演员上场为例,我们可以先用一个大景别镜头交代人物上场的相关信息,包括人物在场景内所出现的相对位置以及接下来行动的方向,然后再用一个小景别镜头跟摇人物的运动以交代动作的细节。例如,瑞秋第一次出现,即在咖啡馆内的上场就使用了这样的镜头组合(图2-82、图2-83)。当然,如果把这两个镜头的顺序调换一下也是可以的,但这里牵涉到一个剪辑点的问题。根

图2-82 大景别交代全貌

图 2-83　小景别交代细节

据影视画面的剪辑理论，这里体现的是“在动作中剪辑”的原理。但对于这个剪辑点到底应该出现在动作的哪一部分，众说纷纭，并且由于导播切换工作的特殊性，在快节奏的录制过程中导播没有太多的闲暇去精确掌握动作的切换点。一般而言，综合影视画面剪辑的基本规律，较为适宜的方法是在动作刚刚开始的时候进行剪切。因为导播工作的切换是一次性的，在快捷、紧张的工作节奏下我们下刀尽量“赶早不赶迟”，这样可以防止一些持续时间短的动作转瞬即逝。从影视画面剪辑的基本规律看，动作剪辑切忌在运动开始或结束的静止状态下进行剪辑，因为从画面的最终效果来看无法体现“动势”。

所谓细节动作，指的是根据剧情冲突或者制造特殊效果的需要着重表现动作的某一细节。对于这类细节动作，导播最好将拍摄和剪辑的相关要求体现在情景剧的工作台本中。在录制工作中，导播或助理导播要提前提醒摄像师进行准备，导播也要事先做好切换准备，防止漏拍和漏切。

思考题：

1.情景剧演员场面调度需要注意哪些问题？

2.情景剧拍摄为什么强调机位的纵深调度？

3.情景剧拍摄中机位“活用”的出发点和原则是什么？

4.情景剧画面在切换过程中时空动机、声音动机和动作动机三者之间的相互关系是怎样的？

第三章 访谈节目导播

本章要点：

全景机位的"活用"

反应镜头的使用

本章的主要内容是演播室访谈类节目的导播规律与技巧。实际上，访谈节目的导播和情景剧的导播有很多相通之处，因为它们的主体形式都是以语言表达为主。因此，我们一般把它们统称为语言类节目。语言类节目所能涵盖的演播室节目类型很多，除了访谈节目之外，还有谈话类节目，例如大家熟知的经典节目《实话实说》和《锵锵三人行》等。

本章将"访谈节目"作为标题和讨论的重点。语言类节目虽然涵盖的节目类型很多，但大部分节目的人物主体关系基本上都是由"访"和"谈"构成的。通俗地说，就是由"访问"一方的主持人以及作为"谈话"一方的专家、嘉宾甚至是现场观众构成。这种关系在不同的节目里会有细微的变化，比如在语言竞技类节目里，就变化成"提问"与"回答问题"的关系。但无论如何变化，整个访谈都是由一方主导，另一方进行回应。所以，导播规律与技巧实际上就是从这样的空间和人物关系出发进行探索和总结的。因此，本章主要围绕"访"与"谈"的导播规律展开。当不再拘泥于具体的节目类型时，"访谈"其实出现在很多的节目类型中。例如，当下很多新闻评论类节目都有访谈的环节，音乐真人秀节目中也会出现导师与选手之间的对话。

考虑到学生学习的实际情况和需求，本章不会涉及过于复杂的访谈形式，如一个访问者面对十个以上的谈话者。即使可能会谈到“一对六”的访谈，也只是简单地介绍。因为再复杂的访谈人物关系都是从简单的人物关系发展而来的，只要掌握最基本的规律和理念，就可以尝试挑战各种大场面了。

第一节　访谈节目特征与导播任务

一、画面特征

一般而言，演播室访谈节目的画面特征是相对单调的。这是由多方面原因造成的。首先，访谈节目的空间相对固定和单调，甚至可以说是单一。在固定的演播室内一般只有一个场景，景片和道具从头至尾也不会变换。在这一点上，访谈节目甚至比不上可以变换室内场景的情景剧。其次，演员的动作调度也相对简单和固定。无论是主持人还是嘉宾，他们的位置都相对固定，一般很少走动，除了上半身的手部动作以外，几乎没有其他幅度很大的动作。再次，访谈节目的内容类型有很多，如果是硬性题材的时政新闻或人物访谈，嘉宾或主持人的表情都会比较严肃，也不会有多余的动作。最后，对于一些比较简单的访谈，机位动用的也会相对较少，而且大部分机位都是固定的。因此，从环境、人物的动作和语言以及镜头调度语言的可能性上来说，访谈节目都缺乏丰富性。以上几个原因从整体上造成了访谈节目在视觉上的单调性。在这种情况下，如果谈话内容比较有趣，或是谈话者的语言比较有魅力，那么整个节目对观众来说还不至于太乏味。即便如此，随着节目的进行，画面语言的单调性问题还是会凸显出来的。也就是说，导播必须考虑如何从画面语言的角度不断维持观众的收视兴奋度，也就是要尽量克服演播室访谈节目画面语言单调性的问题。

随着电视节目制作技术的不断进步以及对节目投入的不断增大，现在的节目越来越多地使用摇臂拍摄、轨道拍摄甚至是手持拍摄、增加机位等方式，以提升画面语言的丰富性和可看性。有这样的技术和资金条件固然是好事，但导播也必须学会应对技术条件较差和资金短缺的情况，也就是说，如何在机位条件有限的情况下尽可能地利用各种导播技巧来提升画面语言的丰富性。这就引出了本章的一个重点，即如何通过全景机位的“活用”来提升演播室访谈节目画面的丰富性。

二、演员调度

相对于情景剧来说，演播室访谈节目的演员调度要简单很多，而且一般有规律可循。所以，演播室访谈节目录制的主要任务就是针对这些规律性的演员调度方案制定相对有规律性的导播方案。

（一）谈话者的角色

演员调度的规律性首先体现在谈话者的角色属性上。一般而言，访谈节目的演员整体上可以分成访问者和被访者两大类。访问者一般由主持人担任，主持人是整个访谈的发起者和引领者。在标准的访谈节目中，每一个问题的提出，整个谈话方向、进程和节奏都需要主持人来把控。因此，在访谈节目中主持人的地位是十分重要的。如果是在漫谈型的谈话节目中，访问者与被访者之间的角色关系有时候会比较模糊。也就是说，主持人有可能成为谈话过程中的被访者，访问和被访问的身份会在所有参与者之间较为自由地转换。但是，即使二者身份可以自由转换，主持人仍然处于整个谈话的主导地位。

被访者一般可以分为非现场观众被访者以及现场观众被访者。之所以使用非现场观众被访者这样复杂的称谓，是因为可以承担这一角色的演员类型有很多，包括新闻事件的当事人、相关专家或普通受访嘉宾。现场观众被访者的类型也比较复杂，可以是现场随机参与谈话的观众，也可以是事先安排好的有特殊身份或特定作用的观众。这些观众虽然坐在观众席里，但是他们会在某些特定的环节加入到谈话或访问中来，有时起到的作用甚至不低于非现场观众被访者。

另外，非现场观众被访者在角色安排上还可以有更细致的考虑，尤其是当多个角色类型同时出现的时候。当有多位非现场观众被访者同时出现时，一般情况下要进行一个角色区分，这主要是从谈话内容的角度来考虑的。也就是说，要通过多个角色的安排来使谈话内容更加丰富和立体。例如，围绕一个新闻事件的访谈，节目组可能会邀请新闻事件当事人以及相关专家同时出现在演播厅里。对一个名人的访谈来说，除了邀请该名人以外，可能还会邀请一两位对他非常熟悉或是对他影响很大的人物来一起参与访谈。还有一种情况，虽然被访者人数众多，但是他们固有的角色属性比较类似。例如，节目组可能会邀请同一个乐队的成员或是同一新闻事件的两位当事人来参加访谈。在这种情况下，节目的编导和策划就需要主动介入，进行更为细致的角色划分。最常见的处理方式是使多位被访者持不同立场，这样谈话就有了冲突和戏剧性。但有时候差异化的立场可能很难进行人为的划分，比如两位新闻事件的当事人共同谈论一起新闻事件时，虽然可能在整体上无法形成非常鲜明的差异化角度，但是在一些具体的细节上，通过主持人有技巧地提问，仍然可以作一个微妙的角色划分。例如，主持人可以让一位当事人谈谈新闻事件的概况，而让另外一位当事人专门谈谈某一个细节。这样也就在内容表现上形成了多侧面和多角度。总之，在角色安排上，我们要尽量使谈话内容变得立体和丰富起来，变得更加有戏剧性和冲突性。

（二）谈话者的人数

访谈节目中，访问者和被访问者的人数相对来说比较灵活，比较常见的是主持人只有一位而被访问者人数若干。于是，按照访问者和被访问者的人数关系来分类，就会产生“一对一”“一对二”“一对三”等人数配置。笔者见到的被访问者人数最多的是 ESPN（Entertainment and Sports Programming Network，即娱乐与体育节目电视网）的 *Open Court*。这是一档主要由美国男子职业篮球联赛退役巨星参加的谈话节目，在这个节目里，主持人经常要一个人面对6-7名嘉宾（图3-1）。

图 3-1　*Open Court* 人物调度

两位主持人的访谈节目现在越来越多，但一般情况下，两位主持人在节目中的“地位”并不平等。更准确地说，两位主持人在访谈中扮演的角色不一样。以情感真人秀节目《非诚勿扰》为例，固定出现的两位主持人中一位可以算作总主持人，另一位可以算作点评主持人。

（三）谈话者的关系

当谈话者的角色属性以及人数都建立在一定的规律性基础之上后，演播室访谈节目导播的主要任务就是处理谈话者与谈话者之间的关系。一般而言，谈话者与谈话者之间的关系包括空间关系和交流关系两种。

所谓空间关系，是指谈话者与谈话者之间的相对位置关系。这个位置关系建立在主持人、嘉宾或是现场观众之间。交流关系主要是由谈话者彼此之间的谈话形成的。因为谈话可以发生在任意的谈话者之间，所以形成的交流关系也是多方向的。图 3-2 显示了一个较为复杂的空间关系，其中的虚线表示谈话者之间的交流关系。

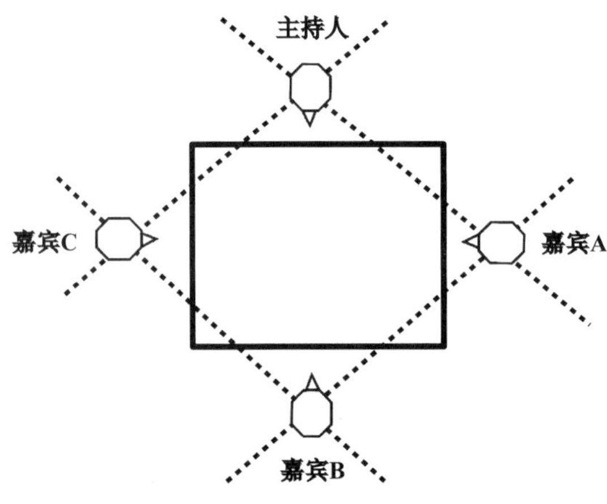

图 3-2　多方向人物交流关系

（四）谈话者的情感

演播室访谈节目的根本是处理人与人之间的交流关系。这种交流关系除了语言上的交流以外，还包括情感上的交流。当然，语言是情感表达最重要的载体。但是，还有一种无声的语言也是情感交流最重要的媒介，那就是反应镜头。谈话者彼此之间的反应可以是对对方的一种主动回应，表示对对方所说内容的认可或者赞许；也有可能是一种被动的反应，比如被对方讲话内容所激起的各种自然的反应，如蹙眉、惊讶、大笑、若有所思等。对于演播室访谈节目来说，及时和准确地捕捉这些反应镜头是完整再现谈话、充分表达双方情感交流的需要。因此，对于反应镜头的理解以及相关导播技巧的讲述也是本章的重点。

第二节　访谈节目的机位布局

访谈节目的机位设置是配合访谈者空间调度，从而实现完美交流关系的关键环节。大部分的访谈节目在人物空间关系的安排上都有一定的规律，因此，机位设置也可以衍生出一定的规律性。访谈节目有很多经典的机位布局方案。大家可以去借鉴这些经典机位设置方案。但是，它们不应成为创作过程中的束缚。随着现代访谈节目越来越大型化、拍摄要求不断提高，人物的空间关系和机位设置也越来越复杂多样。因此，学生学好访谈节目的机位布局真正的目的在于找出其中的规律和原则，然后举一反三，这样无论什么场面都可以从容地应对。

本章虽然涉及一些较为复杂的机位布局，但总体上还是从学生学习的实际要求和情况出发，以较为简单和基本的访谈节目为分析和讲解的重点。如果按照访问者和被访问者的人数关系来划分，考虑三机位配备的局限性，“一对三”的配置就已经可以算作上限了。

一、机位设置的基本原则

在演播室访谈节目中，无论访谈者的空间调度如何变化，机位设置和镜头调度都是有一些基本原则可以遵循的。前文我们已经谈到了多讯道节目制作中机位布局和镜头调度的一些通用原则，具体到演播室访谈节目，这些通用原则还会有一些新的要求和变化。整体而言，演播室访谈节目的机位设置和镜头布局应当以画面特征、关系调度和情感调度为转移，力争实现画面调度的丰富性，再现完美的语言和情感交流。

（一）再现场景

与情景剧一样，访谈节目发生的空间也可以被想象成是一个舞台。在谈到情景剧的“舞台”时，我们提到两个注意事项：一是强调要用大全景向观众全面、准确地展示场景的全貌；二是要学会在舞台上实现演员的纵深调度。这两个注意事项在演播室访谈节目中都有体现，但也有相应的变化。

访谈总是发生在一定的场景之中。如今访谈节目的场景变得越来越大型化、复杂化和现代化,以求带给观众更佳的视觉体验。因此,很多时候,一个简单的固定全景画面并不能完全、全面、准确地展示出全部场景。多角度的固定全景画面、轨道和摇臂镜头在今天已经越来越广泛地被运用到访谈节目的场景展现中了。

访谈节目的场景中除了参与访谈的人以外,还有一些很重要的背景和道具。有的时候这些是节目内容本身的需要,比如现在越来越多的节目中都会有大尺寸电子显示屏。那么,在设置机位时就应当考虑到在节目中扮演重要角色的背景屏幕。其中的原则就是要保证将屏幕上的内容尽可能清楚地展现给电视机前的观众。因此,有时候常规的机位设置就需要进行调整。在美国广播公司(ABC)制作的著名访谈节目 *The View* 中,我们看到访谈者一字排开坐在沙发上。常规的机位应当尽量采用与访谈者等高的角度来拍摄,但考虑到访谈者身后的大屏幕,我们发现主机位明显提升了拍摄高度(图 3-3)。

图 3-3 *The View* 高角度全景机位

有的时候摄像师会抱怨用大全景画面展示空间在视觉上没有美感。因为,从电视摄影的角度来说,全景拍摄是十分讲究的,往往需要形成多层次的景物关系以体现画面的纵深感,并且防止在构图上的大而无当。从这个角度出发,有的时候人为地在场景里添加一些道具也是必要的。例如,在"一对一"的访谈中,如果只是主持人和嘉宾坐在椅子或沙发上进行交谈,那么拍出来的全景画面总会感觉缺点什么。于是,很多节目中出现的各种样式的茶几和桌子就在某种程度上起到了丰富画面构成的作用。著名脱口秀节目《艾伦秀》(*The Ellen Show*)的场景设计就体现了这一特点(图 3-4)。

图 3-4 《艾伦秀》场景设计

(二)再现位置关系

在演播室访谈节目中,比起场景,访谈者处于更核心的地位,完整、准确地再现人物位置关系实际上比再现空间位置更为重要,因为人物空间关系的再现会直接影响到彼此交流关系的再现和表现。因此,节目的导播从节目开始到结束都要保证给观众呈现一个清晰和稳定的空间关系。一般而言,在节目开始时,导播就需要尽快让观众建立起对谈话者空间关系的认知,包括谈话者之间的相对位置关系、彼此间的距离以及与周围环境之间的相对位置,而且这一空间关系自始至终应该有一定的稳定性。如果中间出现了特殊情况,如谈话者的位置发生了变化,导播在画面上一定要交代清楚。在空间关系发生变化之后,导播应当多用一些大景别的画面来帮助观众重新建立起对空间关系的认知。

一般情况下,如果访谈者的空间位置不出现明显的纵向调度关系的话,关于访谈者位置关系的再现都是比较容易处理的。如图 3-5 所示,一个大全景的机位足以完整地交代场景和人物的位置关系。但是如果访谈者出现纵向调度关系的时候,情况就会变得复杂。比如,访谈节目中增添了几排现场观众,那么观众和访谈者之间就形成了纵向调度。一般而言,常规的处理方法是在观众席的后方设置一个机位,毕竟舞台上的访谈者才是观众主要关注的对象(图 3-6)。在图 3-6 中,我们看到观众席的设计很有特点。整体上,两组观众席呈“V”字形,中间留有缺口。之所以留有缺口,是因为现在的观众席一般都是多排设计的。在小型演播室中,观众席区域本身就不大,如果再把全景机位的摄像机置于观众席中会占用太多空间。而如果在观众席后面设置一个高台,那么这个机位对主持人和嘉宾的拍摄就会带有一定的俯角度。当然,在大型演播室中,观众席区域较大,观众离主持人和嘉宾距离较远,将全景机位置于观众席中或观众席后方的高台之上是完全可行的(图 3-7)。

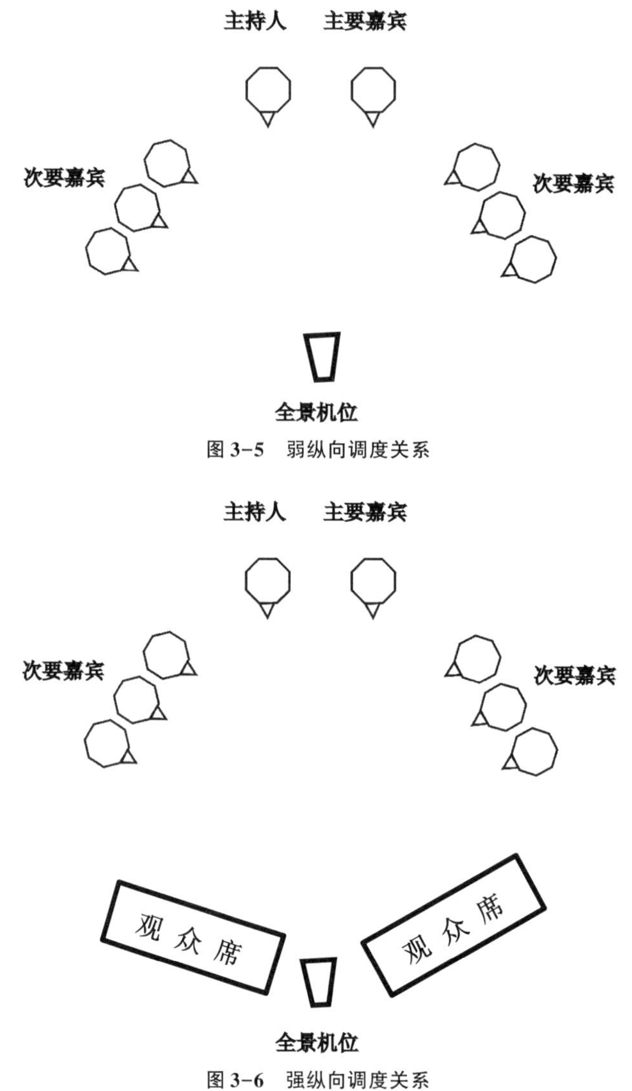

图 3-5　弱纵向调度关系

图 3-6　强纵向调度关系

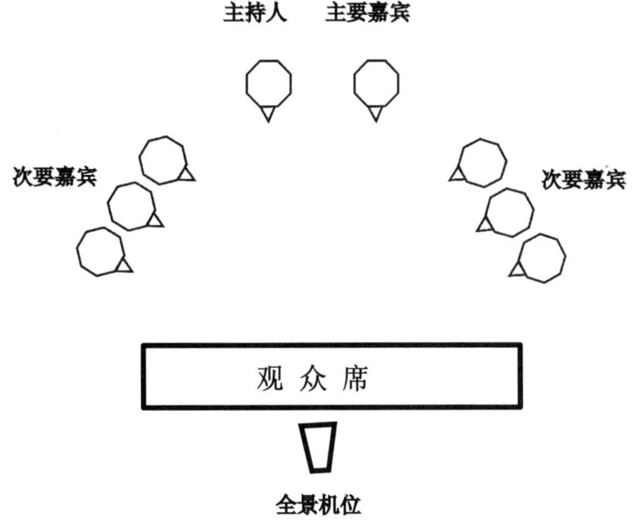

图 3-7　位于观众席后方的全景机位

但是这个机位因为位置或高度问题,使观众不会出现在画面内,也就是无法形成一个景深镜头。这个时候,导播可以尝试在访谈者的背后安排一个机位拍摄观众席。这样就产生了类似于镜头“正反打”的效果,不但可以通过略带主观视角的镜头强化嘉宾和现场观众之间的交流关系,而且可以用来捕捉观众的反应镜头或者与嘉宾进行互动的镜头(图 3-8)。当然,很多人会质疑这样的机位设置可能带来

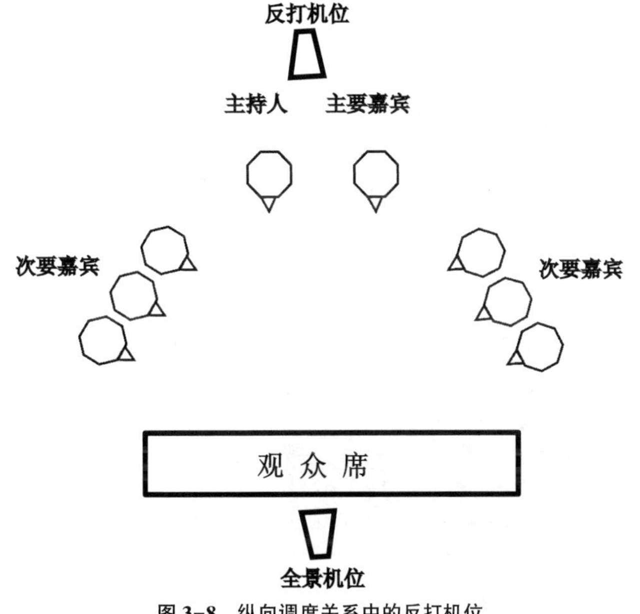

图 3-8　纵向调度关系中的反打机位

穿帮问题，但很多时候我们可以通过对场景的灯光控制，尽力让机位和摄像师隐没在黑暗区域内。即使因为各种原因无法实现这样的效果，也不是很严重的问题，观众对于画面内偶尔出现的机位早已习以为常。当然，如今还有一个比较流行的方法就是使用摇臂或遥控摄像机。于是，在很多节目的一开场我们经常能看到一个运动镜头从空中先后滑过观众席和访谈区，从而完成对场景和人物位置关系的交代。

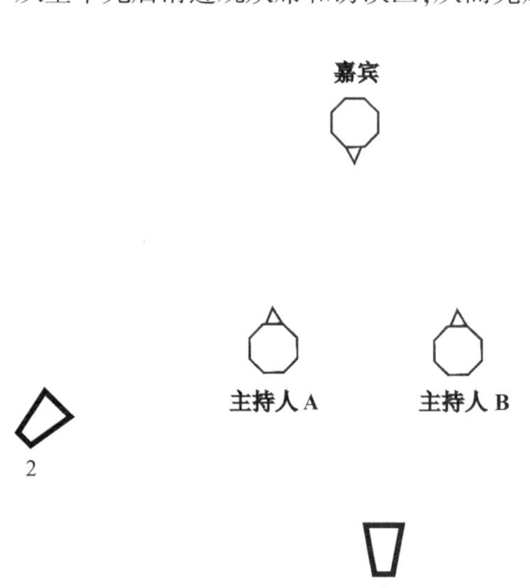

图 3-9 *The Oprah Winfrey Show* 机位图

另外，还有一种情况是主持人和嘉宾之间呈现出明显的纵向调度关系，比如在 *The Oprah Winfrey Show* 中，被访问嘉宾面向两位主持人站立（图 3-9）就形成了一种明显的纵向调度关系。这时候沿着轴线进行拍摄的机位无论从哪一侧拍摄都会产生一种过肩镜头的效果（图 3-10）。但实际上，嘉宾与主持人之间的距离比较近，这样的过肩镜头会因为镜头焦距对空间再现的影响使观众对人物纵向之间的真实距离产生模糊的感觉。这时候一个轴线侧面的全景机位就十分必要了（图 3-11）。但是，还需要考虑摄像机应当设置在轴线的哪一侧。这时候需要考虑的因素很多，因为这里牵涉访谈者交流关系的问题。比如，在这个侧面的全景镜头中，嘉宾人脸的朝向是否能和主持人的镜头形成相对的交流关系；这个侧面的全景镜头中，嘉宾人脸的朝向是否能和嘉宾近景画面里的朝向保持一致。在图 3-10 和图 3-11 中，由于轴线的两侧都有主持人，嘉宾的脸的朝向

图 3-10 过肩镜头

图 3-11 侧面全景机位

要和两位主持人都形成交流关系是比较困难的。所以,在这种情况下,就应当优先考虑保持嘉宾的脸的朝向在各景别画面里的一致性。

最难处理的一种情况是数位访谈者围着一个圆桌或方桌坐成一圈,这种情况下,导播需要频繁使用访谈者单人的近景画面,而且每位访谈者的视线方向都会频繁地变化,所以观众很容易失去对访谈者位置关系的认识。从再现访谈者位置关系的角度出发,如果只是使用多角度的全景画面,仍然会因为拍摄角度的不同而影响观众建立明确的空间关系。因此,在条件允许的前提下,导播可以考虑增设两个机位来帮助观众加深对空间关系的认识。一是可以通过一个采用平视角度环绕访谈者的机位进行拍摄。例如,在美国娱乐与体育节目电视网(ESPN)制作的早间访谈节目 *First Take* 中,一位嘉宾和三位常设主持人围着一张圆桌而坐(图 3-12),这时候一个手持拍摄的机位会围绕访谈者做 360°的环绕拍摄。这样的运动镜头通过角度的连续变换可以让观众对演员的位置关系建立较为连贯的认识。二是通过遥控或摇臂摄像机用俯拍的镜头对访谈者的位置关系做一个平面展示,这是最直观和最有效的办法,因为这样的镜头可以完全避免轴线带来的麻烦。

图 3-12　*First Take* 360°环绕拍摄

(三)再现交流关系

交流关系的处理是整个演播室访谈节目导播工作中最重要的内容。如前所述,交流关系是在谈话者彼此之间的谈话中建立起来的,在一个访谈节目中因为访谈者角色和数量的不同,可以形成很多组交流关系。那么,在机位设置上应当做哪些相应的考虑呢?一般来说,我们首先要完美且具有逻辑性、连贯性地再现人物之间的交流关系;其次,要能突出和强化多组交流关系中的主要交流关系。这两个任务的完成实际上都是和人物的空间关系紧密结合在一起的。这些任务在人数增多

图 3-13　180°布局“一对一”访谈机位图

或位置关系变得复杂之后往往很具挑战性。

我们首先来看什么是完美地再现访谈者之间的交流关系。图 3-13 显示了一个非常基本的访谈者位置关系。从完美再现的要求出发,机位应该怎样设置呢？很显然,正如在情景剧部分所讲的那样,从人像拍摄的角度来说,侧面角度的镜头是应当避免的,应该尽量给出前侧角度的画面。很关键的一点是这个前侧角度的镜头要能保证让观众看到访谈者的眼睛,因为视线的表现和交流对于表现语言交流来说是十分重要的。从机位的高度来说,大部分人习惯的做法是使镜头的光轴和嘉宾的视线保持同等高度。但实际上如果把摄像机升高 20 厘米左右,画面效果就会更好。当然,嘉宾的高度也是导播需要考虑的一个因素,无论嘉宾面前是否有桌子或者主持台,一般情况下,嘉宾最好不要坐得太高。如果椅子太高,谈话者会没有安全感,而且也不够舒适,不利于其在谈话过程中保持放松状态。有的访谈节目会选用高脚吧椅,这其实应该避免。因为高脚吧椅不但会转动,而且时间长了人坐得也很不舒服。从个人经验来看,一般访谈者的眼睛离地面 1.5 米左右是一个比较合适的高度。

从景别上来说,一般情况下我们要确保至少能拍摄到主持人和主要嘉宾的近景画面。这就需要建立一个“主要交流关系”的概念。主要交流关系一般是建立在主持人和主要的受访嘉宾之间,这个主要的受访嘉宾可以是多个受访嘉宾中的某一位或两位,也可以是现场观众中的一位。主要交流关系要求对这些主要访谈者的表现要给到近景。除此之外,还有一个特殊的要求,就是在节目一开始主持人介绍嘉宾的时候,要尽量保证能够拍摄到每一位嘉宾的单人画面,只有这样,观众才能建立起对访谈者角色最清晰的认知。很多时候,为了达到这一条原则性的要求,导播在现场会对机位进行“活用”,因为没有必要为每一位参与访谈的嘉宾都单独设置一个机位。

那么,什么是有逻辑、连贯地再现人物之间的交流关系呢？在图 3-14 中我们看到,如果在某一刻 A 和 C 之间正在对话,根据实际的机位和拍摄方案,最终呈现在电视画面中的 A 是向右看,C 是向左看。也就是说,A 和 C 的视线相对,构成了一个符合正常视觉逻辑的交流关系。但是,当 A 突然转头去和 B 说话的时候,A 在电视画面里的视线就变成向左的了。从向右到向左,A 的视线方向并没有呈现出连贯性。这样很有可能会对观众的视觉认知逻辑造成一定的影响。当然,这种情况在很多访谈节目中都是难以避免的,在条件允许的情况下,如果可以通过合理的机位和位置布局克服这一问题就再好不过了。

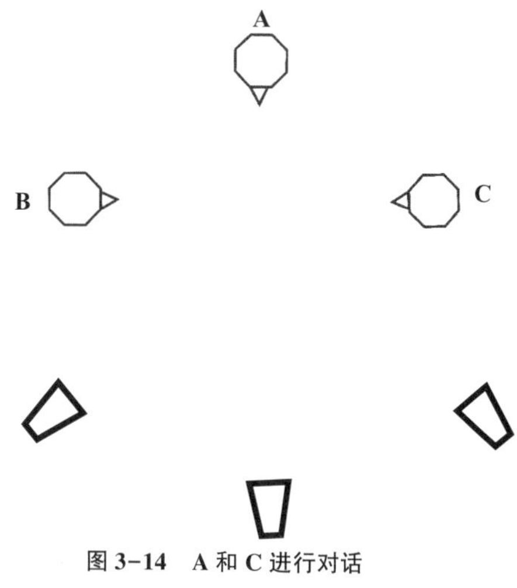

图 3-14　A 和 C 进行对话

除了视线方向的对应性以外,对于主要交流关系的拍摄,我们最好也要保证景别和角度的匹配。比如对于“一对一”访谈的拍摄,我们很容易联想到影视剧拍摄中的“正反打”镜头,也就是说谈话双方的拍摄景别、透视关系,人脸在画面中的大小和朝向,拍摄的角度等参数要尽量匹配。这样,一个完美的主要交流关系才能得以建立。为了达到这一目的,很多时候需要导播对谈话者的空间位置关系进行精心的安排。空间关系的设定再配上一定的机位关系,才能完整、清晰地突出和强化谈话者之间最主要的交流关系。

在图 3-15 中,我们看到了一个访谈节目的空间关系。在这个访谈节目中,A 是主持人,B 是主要受访嘉宾,C、D、E 是次要受访嘉宾。在这样一个空间调度中,如果要实现 A 和 B 之间的完美交流关系,2 号机就得频繁地使用小景别以便于和 3 号机的画面匹配。但是,一般而言,2 号机是三个机位中最适合拍摄全景画面的机位,频繁地使用 2 号机并且变换景别并不是明智之举。除此之外,当主持人需要和他右手边的嘉宾进行交流时,其视线方向就会出现不连贯。因此,我们可以尝试对人物的空间位置关系进行简单

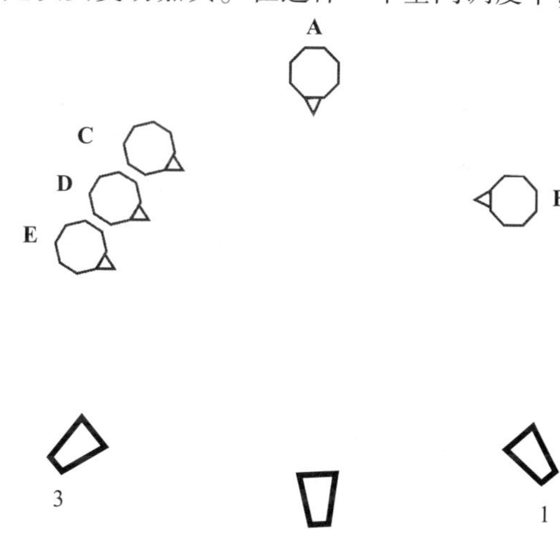

图 3-15　2 号机和 3 号机拍摄 A 和 B 之间的对话

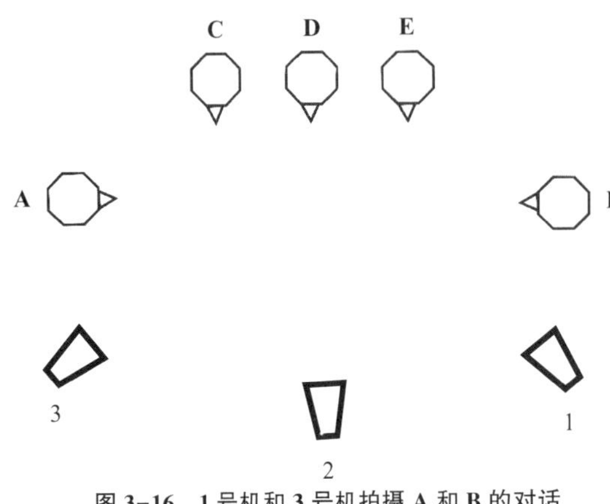

图 3-16 1 号机和 3 号机拍摄 A 和 B 的对话

的调整(图 3-16),这时候,A 和 B 之间的完美交流关系就可以由 1 号机和 3 号机轻松实现。更为关键的是,经过调整之后,主持人和所有嘉宾交流时,视线方向基本都是连贯的。

为了突出和强化主要交流关系,导播在机位设置上应做哪些考虑呢?首先,对于要拍摄的主持人和主要嘉宾,我们可以考虑尽量多景别、多角度地进行拍摄。达到这一目标的最有效途径就是针对某一拍摄对象增加机位。当有两个以上的机位对同一对象进行拍摄时,导播在切换上就可以实现连续的景别和角度变化,这样就会更加丰富主要交流关系的画面表现。图 3-17 就显示了如何通过机位"活用"对嘉宾完成多景别的拍摄。具体而言,对于机位"活用",需要考虑以下一些要点:哪些机位可以用来"活用"?"活用"的时机或时间段是什么?"活用"画面的规律有哪些?

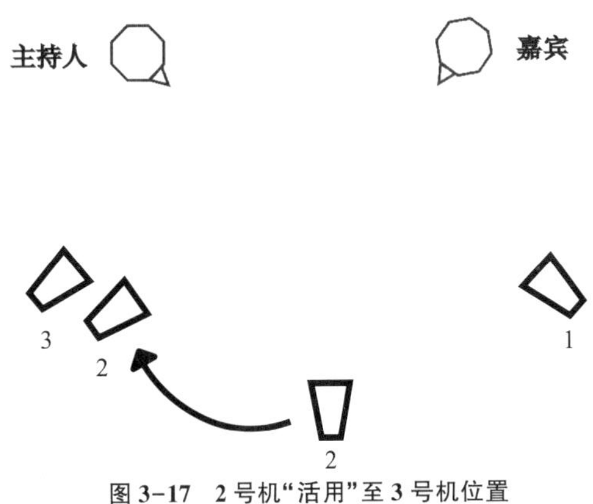

图 3-17 2 号机"活用"至 3 号机位置

其次,为了强化主要交流关系,在拍摄上我们还需要考虑使用一些特殊的镜头,因此在机位设置上也应当做相应的配合。当然,这里所说的特殊镜头是相对那些按照常规拍摄的镜头而言的,比如在角度上采取前侧角度等。有时候如果能够实现正面角度的拍摄,那么我们就可以用特殊镜头强化交谈双方的表情和眼神,甚至可以造成一定程度上的"正面冲突"的效果。这种"面对面"的效果往往会在一些气氛比较激烈的节目中起到很好的作用。此外,过肩镜头在访谈节目中也是一种效果明显的镜头,因为过肩镜头可以将节目所要表现的主要交流关系都容纳在一个画面中,从而起到强调和突出的作用。

【案例分析】

以上我们总结了演播室访谈节目在机位设置上的基本原则。以下这个案例是就图 3-6 中展现的场景和演员位置关系展开的讨论。在图 3-6 中,我们设置了全景机位。这个全景机位的主要任务是再现场景和访谈者的位置关系。但是,由于现场有观众的参与,所以,还需要一个反打机位来展现观众席以及嘉宾和观众席的空间关系。从再现交流关系出发我们发现,在主持人、主要嘉宾、次要嘉宾和现场观众之间理论上存在 14 组交流关系,这 14 组交流关系分别发生在主持人和主要嘉宾、主持人和次要嘉宾 A、主持人和次要嘉宾 B、主持人和现场观众 A、主持人和现场观众 B、主要嘉宾和次要嘉宾 A、主要嘉宾和次要嘉宾 B、主要嘉宾和现场观众 A、主要嘉宾和现场观众 B、次要嘉宾 A 和次要嘉宾 B、次要嘉宾 A 和现场观众 A、次要嘉宾 A 和现场观众 B、次要嘉宾 B 和现场观众 A、次要嘉宾 B 和现场观众 B 之间。

这 14 组交流关系看起来极具挑战性,但实际上根据一些原则和思路也可以从容应对。首先,在交流方向和视线关系上,这 14 组交流关系看起来多样且复杂,但根据化繁为简的原则我们发现,所有的交流关系在整体上都可以简化为从左至右或者是从右至左的视线关系。也就是说,虽然现场有很多谈话者,但他们之间的交流关系大都是沿 X 轴展开的。例外只存在于主持人 A 和现场观众 A 以及主要嘉宾和现场观众 B 之间。因此,我们可以把这众多的谈话者看成是“一对一”的位置关系。于是,在全景机位 2 号机的基础之上,我们仍可以进行倒三角的机位设置。1 号机和 3 号机各自负责拍摄的区域如图 3-18 所示。根据这个机位布局,如果谈话发生在主要嘉宾和次要嘉宾 B 之间,我们一般应当使用 3 号机拍摄次要嘉宾 B,而对于主要嘉宾的拍摄虽然主要使用 1 号机,但是也可以偶尔“活用”一下 2 号机。实际上,主要嘉宾和次要嘉宾 B 之间的位置关系在 X 轴上是最不明显的。因此,只要这一组交流关系处理得当的话,其他组的交流关系都相对容易。

但是,如果交流关系沿 Y 轴展开,比如发生在主持人和现场观众之间,那很明显现有的三个机位就不够了。根据对图 3-6 的讨论,我们需要设置一个反打机位。现在假设我们把 4 号机设置在次要嘉宾 B 的右手边,然后某一时刻主要嘉宾正和次要嘉宾 A 进行对话(图 3-19)。此时,我们用 3 号机拍摄主要嘉宾,在画面中主要嘉宾的视线方向大体上是向右。而 4 号机拍摄的现场观众 A 的视线方向整体上

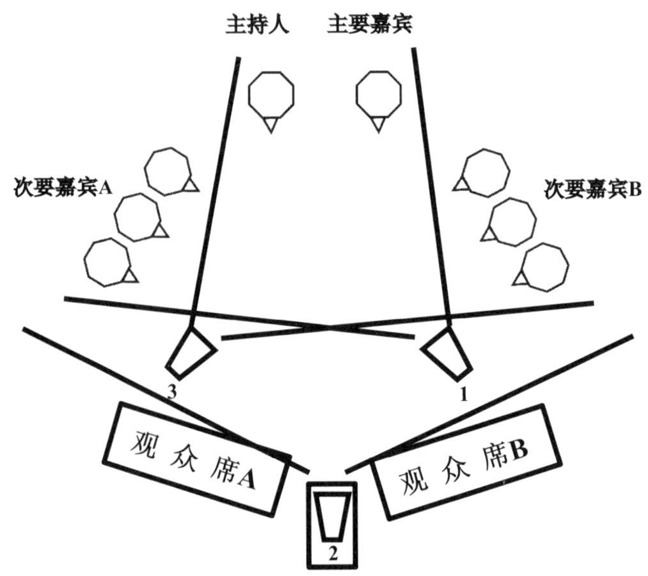

图 3-18 倒三角机位拍摄复杂的交流关系

也是向右的可能性大。于是,我们发现这样的机位布局拍摄出来的画面不能有逻辑地再现视线交流关系,也就是说此刻3号机和4号机越轴了。由于1号机和3号机是主机位,所以我们只能考虑调整4号机的位置。实际上,在访谈节目中为了照顾谈话者视线方向的对应性,有一个较为有效的方法就是尽量减弱谈话者的视线方向性,比如可以采用正面角度拍摄的方法。由于现场观众参与谈话的机会并不多,所以现场观众正面角度的拍摄并没有太大问题。另外,我们还可以尝试将4号机与2号机布置在一条直线上(图3-20)。此时我们发现,4号机无论拍摄哪一侧的现场观众,大部分情况下都接近于正面角度。而且无论谈话发生在现场观众和嘉宾之间还是观众和主持人之间,4号机和3号机或是1号机之间都不会存在太严重的越轴问题。

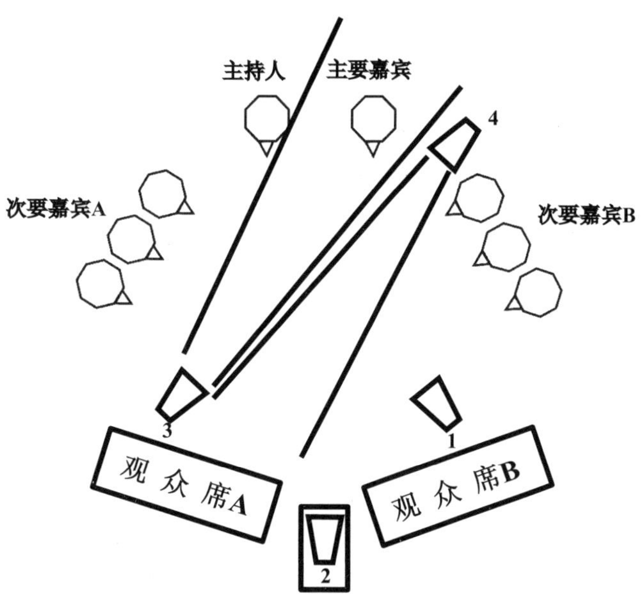

图 3-19　3 号机和 4 号机拍摄观众席 A 与主要嘉宾的对话

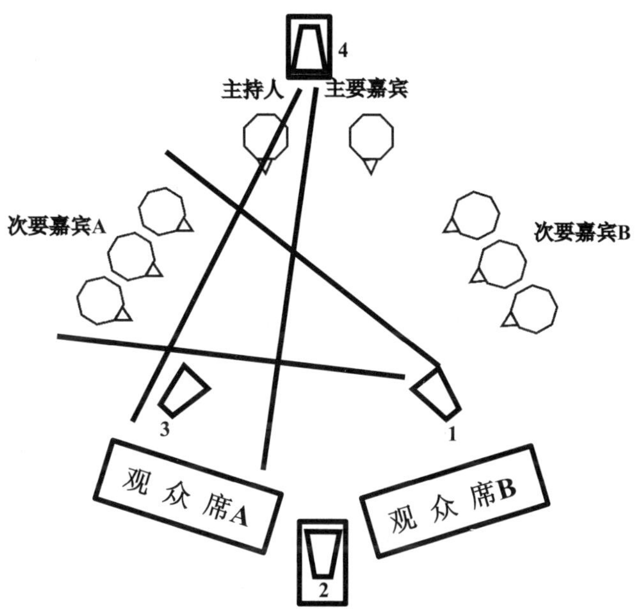

图 3-20　4 号机拍摄观众席 A

二、经典机位设置

在这一部分，我们会给大家介绍一些经典的机位设置方案，供大家借鉴。但是，这些经典的机位设置方案不应该成为我们创作中的束缚，任何经典的东西都是可以被打破的。所以，在具体的学习过程中，我们没有必要去死记硬背这些机位图，而是应当从这些机位图中寻找访谈节目机位设置上的规律，思考这些经典机位设置是如何体现上述机位设置原则的。

当然，所谓的经典机位设置在某种程度上是缘于访谈人物的经典空间布局。因此，这些经典的空间布局是可以借鉴的。接下来对机位的讨论都是基于人物空间布局的形式和特征进行的，主要的参数是人物的数量和空间关系。

（一）"一对一"

"一对一"的访谈是一种应用范围很广的访谈，既可以是一个专门的人物访谈节目，也可以是在一档新闻直播节目中穿插的主持人与专家的访谈。在人物的空间布局上，主持人和嘉宾可以沿一条线展开，成 180°布局（图 3-13），也可以两者形成一定的角度，直至成为 90°布局（图 3-21）。脱口秀节目 *Friday Night with Jonathan Ross* 采用的就是这种 90°布局（图 3-22）。

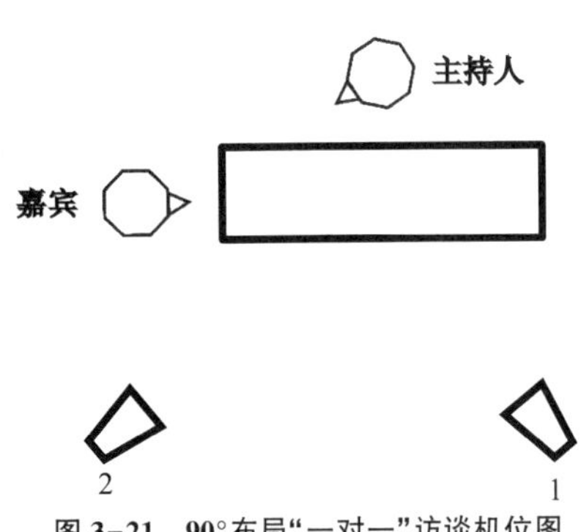

图 3-21　90°布局"一对一"访谈机位图

无论是 180°布局，还是 90°布局，对于"一对一"访谈来说最简单的机位设置就是双机位。但是双机位的设置实际上是缺少一个提供全景或关系镜头的机位的。如上文所述，在访谈节目中需要对场景和位置关系进行交代。因此，两个机位中肯定要有一个机位来"活用"，以提供全景和交代位置关系。那么，这两个机位哪一个更适合用来"活用"呢？理论上，两个机位都可以用作全景机位。但是，因为 2 号机拍摄的是被采访嘉宾，是整个访谈中说话的主体，所以在整个访谈过程中任务较重。为了不丢掉嘉宾的话语和表情，甚至可能需要从头至尾用小景别关注嘉宾。因此，任务相对轻松的 1 号机更适合承担全景的"活用"任务。

图 3-22　*Friday Night with Jonathan Ross* 90°人物关系布局

在机位确定以后，我们再来看一下这两个机位的镜头调度问题。在这里需要引入一个概念，叫机位的"镜头序列"，即对每一个机位在整个拍摄过程中会涉及的拍摄对象、景别以及运动方式做一个事先的约定。这个镜头序列在开拍前需要由导播和摄像师共同调试和制定完成。在拍摄过程中，各机位的镜头调度一般就根据这个镜头序列来完成。那么这个 180°双人空间布局和双机位的方案可能涉及的镜头序列如下：

1 号机：

主持人：近景/中近景/中景/全景

主持人：过肩镜头

2 号机：

嘉宾：近景/中近景/中景

嘉宾：过肩镜头

当主持人和嘉宾的位置形成一定的角度以后，机位仍然可以采用双机位（图 3-21）。比较有代表性的节目是美国 CBS 的《大卫·莱特曼深夜秀》（图 3-23）。在这个节目中，莱特曼和受访嘉宾之间几乎形成了 90°的位置关系，其空间和机位布局的镜头序列如下：

图 3-23 《大卫·莱特曼深夜秀》90°人物关系布局

1 号机：

嘉宾：近景/中近景/中景/全景

2 号机：

主持人：近景/中近景/中景/全景

主持人：过肩镜头

当然，目前大部分情况下，“一对一”的访谈都采用了三机位的布局（图3-24），其镜头序列如下：

1 号机：

主持人：近景/中近景/中景

主持人：过肩镜头

2 号机：

主持人 & 嘉宾：中近景/中景/全景

主持人：近景/中近景

嘉宾：近景/中近景

道具：特写/近景

图 3-24 “一对一”访谈三机位布局

3 号机：

嘉宾：近景/中近景/中景

嘉宾：过肩镜头

总体而言，在这三种机位布局中，一般情况下针对嘉宾的过肩镜头要慎用，因为这有可能会让我们漏掉嘉宾重要的面部表情和反应。但是，在图 3-24 中，当 2 号机靠近 3 号机时，由于 2 号机可以给出嘉宾的单人近景画面，所以 3 号机的过肩镜头会从容很多，并且在这种情况下，2 号机与 3 号机的画面还可以连续使用，形成对嘉宾丰富的镜头表现。

（二）“一对二”

“一对二”的访谈在各种类型的节目中也很流行。一般而言，人物的空间关系基本上有两种。图 3-25 显示的是主持人坐在中间，嘉宾分别坐在主持人两侧的位置关系。实际上这种位置关系更适合嘉宾各执己见的访谈。在这一布局中，需要注意的是两位嘉宾之间的角度关系。一般而言，两位嘉宾之间形成的角度最好能大一些，否则取景时就会遇到很多问题。

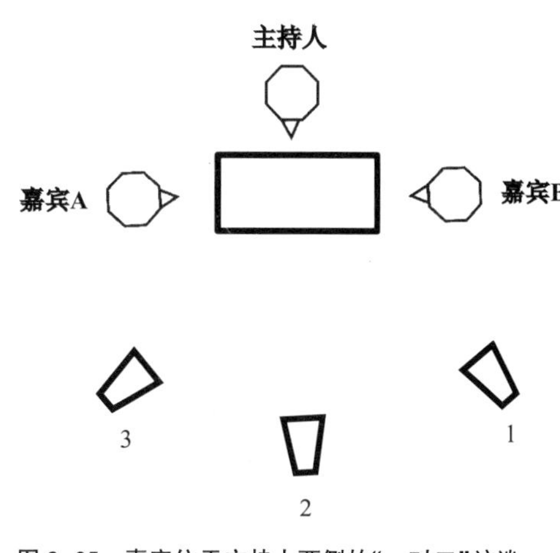

图 3-25　嘉宾位于主持人两侧的“一对二”访谈

第二种位置关系是让两位嘉宾都坐在主持人的同侧。这种配置尤其适合两位嘉宾身份背景比较接近的情况。当然，如前所述，在新闻访谈中，也可以是两位专家从自己的专业背景或是从不同的角度对同一事件进行解读。较为经典的节目代表是英国广播公司（BBC）的汽车类节目 *Top Gear*（图 3-26）。不过严格意义上说，参与访谈的二位其实都是主持人，只不过是角色分工不同罢了。

拍摄第一种位置关系我们至少需要三个机位，也就是经典的倒三角布局。为了增加画面的丰富性，三个机位都可以移动以进行“活用”。基本的镜头序列如下：

图 3-26 *Top Gear* 中的“一对二”访谈

1 号机：

嘉宾 A：近景/中近景/中景

过(嘉宾 B)肩镜头

嘉宾 A& 主持人：中近景/中景

过(嘉宾 B)肩镜头

2 号机：

主持人 & 嘉宾 A、B：中景/全景

主持人：近景/中近景/中景

主持人 & 嘉宾 A：中景

主持人 & 嘉宾 B：中景

3 号机：

嘉宾 B：近景/中近景/中景

过(嘉宾 A)肩镜头

嘉宾 B& 主持人：中近景/中景

过(嘉宾 A)肩镜头

当两位嘉宾都位于主持人的同一侧时，我们既可以采用双机位，也可以采用三机位进行拍摄(图 3-27)。在演员位置关系上，嘉宾和主持人之间的夹角最好大于或等于 90°。由于只有两个机位,1 号机或 2 号机可能都需要担当交代场景和位置关系的任务,而且从技术上来说都可以实现。但是,1 号机的主要任务是负责被访谈嘉宾,自由度相对更小一些,因此 2 号机更适合用作全景机位。

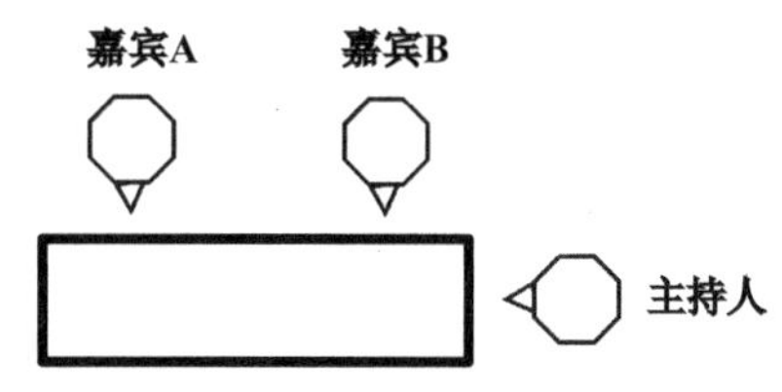

图 3-27 "一对二"访谈的双机位布局

由于只有两个机位,所以有时候会面临一些难题和选择。假设某一时刻的 1 号机正在用单人镜头拍摄正在说话的嘉宾 A,嘉宾 B 突然接过了话语权,由于没有专门的机位照顾嘉宾 B,所以就要把 1 号机的画面由单人画面拉开至双人画面。这一选择技术上没有问题,但是镜头拉开的速度往往无法和谈话的节奏进行匹配,因而并不是一个好的选择。于是,主要负责拍摄主持人的 2 号机就必须介入了。有人提出,这里可以加一个 2 号机拍摄主持人单人的反应镜头,但这同样不是一个好的选择,因为此刻镜头转换的动机并不是主持人的反应。因此,最佳选择是用 2 号机给出一个全景画面作为过渡。如果 2 号机的上一个镜头正好是主持人的单人画面,摄像师就要迅速反应并将镜头拉开至全景画面。然后,1 号机再迅速调整构图以给出嘉宾 B 的单人画面。因此,双机位的拍摄并不适合需要频繁交换话语权的访谈节目。

双机位拍摄"一对二"访谈的镜头基本序列如下:

1 号机:

嘉宾 A 或者嘉宾 B:近景/中近景

嘉宾 A 和嘉宾 B:中近景/中景

嘉宾:过(主持人)肩镜头

主持人 & 嘉宾:全景(以嘉宾为主要对象)

2 号机:

主持人:近景/中近景/中景

主持人 & 嘉宾:全景(以主持人为主要对象)

当然,我们最常见的还是使用三机位进行拍摄(图 3-28),其基本镜头序列如下:

1 号机:

嘉宾 B:近景/中近景

嘉宾 A& 嘉宾 B:中近景/中景

主持人 & 嘉宾 B(较少用):中近景

主持人 & 嘉宾 A& 嘉宾 B:全景(以嘉宾为主要对象)

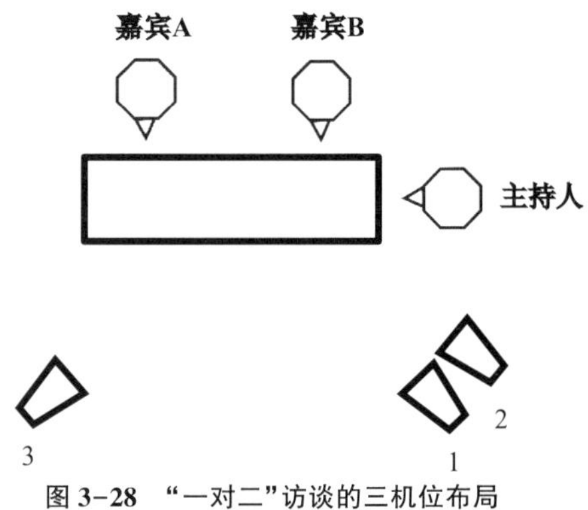

图 3-28 “一对二”访谈的三机位布局

2 号机:

嘉宾 A:近景/中近景

嘉宾 B:近景/中近景

嘉宾 A & 嘉宾 B:过(主持人)肩镜头

嘉宾 A & 嘉宾 B(较少用):中近景/中景

3 号机:

主持人:近景/中近景/中景

过(嘉宾 A)肩镜头

嘉宾 A & 嘉宾 B & 主持人:全景(以主持人为主要对象)

嘉宾 B & 主持人(较少用):全景(以主持人为主要对象)

在这样一个镜头序列中我们看到,虽然每一个机位都可以承担多项拍摄任务,但实际上三个机位有各自的重点任务。1 号机和 3 号机都可以拍摄三人全景,但实际上这一任务主要由 3 号机来完成。除此之外,3 号机还主要负责主持人的拍摄。2 号机虽然也可以较为完美地拍摄嘉宾 B,但其主要是作为过渡和反应镜头而存在的。当主持人针对两位嘉宾提出一个问题以后,2 号机应当给出一个大景别的过渡镜头,使 1 号机有时间去寻找说话人并给出这个说话人的单人镜头。此外,2 号机还可以拍摄嘉宾的双人画面,以抓住嘉宾的每一个反应的细节。而 1 号机在整个镜头序列中的主要任务就是拍摄两位嘉宾的单人画面。

在这个镜头序列中，还有一个值得注意的问题，当1号机和2号机同时给到嘉宾单人画面时，应该怎样分工呢？1号机和2号机实际上形成了一种交叉拍摄。当然，1号机和2号机也可以采用平行拍摄的方案。但是如果化繁为简，我们把这两个嘉宾和两个机位抽离出来就会发现，平行拍摄实际上会使人物的表现比较呆板，而且人物之间缺乏交流感。所以，一般情况下交叉拍摄是我们的第一选择。

（三）"一对三"

如果希望访谈的内容更加丰富，我们就需要对嘉宾的数量进行进一步的扩充。"一对三"的访谈是较为常见的一种演员空间配置方案。很显然，为了加强谈话的戏剧性，三位嘉宾全部位于主持人的同一侧并不是一个好的选择。所以，常见的位置方案如图3-29所示。其中，嘉宾A显然应当是主要嘉宾，其和嘉宾B与嘉宾C在谈话内容或立场上最好有所区别。

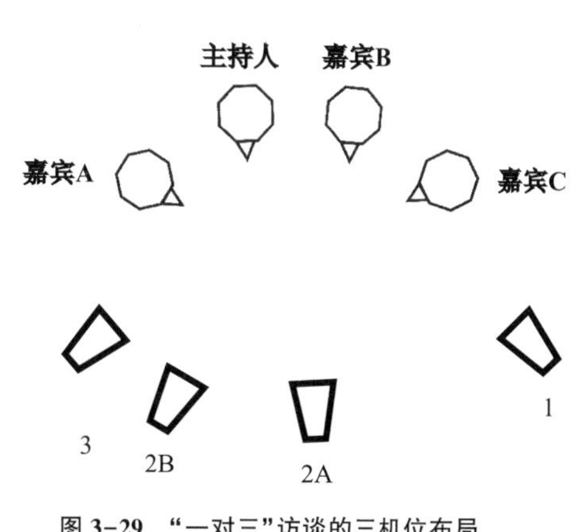

图3-29　"一对三"访谈的三机位布局

对于这样一个演员调度方案来说，我们首先想到的还是使用三机位来进行拍摄。和用双机位拍摄"一对二"的访谈一样，我们又面临着拍摄对象的数量多于机位的数量的局面。如果我们采取正常的倒三角机位布局来进行拍摄（图3-29），理论上镜头调度也是可以实现的。但是，如果不对2号机进行"活用"的话，我们发现对于交流关系的表现是不够充分、不够完美的。也就是说，如果我们用3号机来捕捉嘉宾B和嘉宾C的单人镜头的话，那么2号机就要承担嘉宾B和嘉宾C双人镜头的拍摄。很明显，2号机给出的正面角度的镜头与3号机单人镜头的角度匹配并不能达到最佳。同样的道理，如果用2号机去拍摄嘉宾A和主持人的镜头，那么和1号机的画面也是不能形成完美匹配的。所以，我们必须对2号机进行"活用"。

一般而言，2号机主要负责主持人节目开场和嘉宾的介绍以及结尾部分的总结等。对2号机的"活用"主要是在节目的中间段落，也就是通过2号机的"活用"来关注访谈的主体内容；在节目的开场和结尾部分，2号机还应当采取正面机位拍摄全景。在节目的主体段落,2 号机向哪一侧移动要根据具体情况来具体分析。例如,如果嘉宾 A 在整个访谈中承担了很多的戏份,那么 2 号机就应该和 1 号机处于同一侧,以丰富和强化这一交流方向上的画面。但实际上,在大部分情况下,主持人在访谈中说话的机会并不是很多,所以,1 号机足以应付这个拍摄方向了。我们以向左侧“活用”为例来看一下这个方案的镜头序列:

1 号机:
嘉宾 A:近景/中近景
主持人:近景/中近景
　　　　过(嘉宾 C)肩镜头
嘉宾 A & 主持人:中近景/中景
嘉宾 A & 嘉宾 B & 嘉宾 C & 主持人:全景

2 号机(A 位置):
主持人:中近景(开场时由全景推至中近景)
嘉宾 A & 嘉宾 B & 嘉宾 C & 主持人:全景(结束时由 B 位置回到 A 位置)

2 号机(B 位置):
嘉宾 B:近景/中近景
主持人:近景/中近景
嘉宾 B & 嘉宾 C:中近景/中景
嘉宾 B & 主持人:中近景/中景(以嘉宾 B 为主)
嘉宾 A & 嘉宾 B & 主持人:中景/全景
嘉宾 B & 嘉宾 C & 主持人:中景/全景
嘉宾 A & 嘉宾 B & 嘉宾 C & 主持人:全景

3 号机:
嘉宾 C:近景/中近景
主持人:过(嘉宾 A)肩镜头
嘉宾 B & 嘉宾 C:中近景/中景

嘉宾 A & 嘉宾 B & 嘉宾 C & 主持人:全景

(四)“多对多”

除了上述三种常见的演员配置方案外,现实中的访谈节目还有很多更为复杂的类型,如主持人可以是两位或者三位或者更多,而嘉宾人数甚至也可能达到五位以上。在实战中,我们往往要面临演员人数大于机位数量的状况。例如,节目中可能会需要两位主持人,于是“二对二”也是一种常见的形式(图 3-30)。虽然多了一位主持人,但如果我们把 1 号主持人也想象成嘉宾的话,那么整个演员空间布局就变成了“一对三”的访谈。于是,我们就可以借鉴“一对三”的方案来进行机位和镜头配置。当然,如果我们可以增加一个机位,也就是用四机位来拍摄这种“二对二”的访谈的话,拍摄就会变得更加游刃有余。

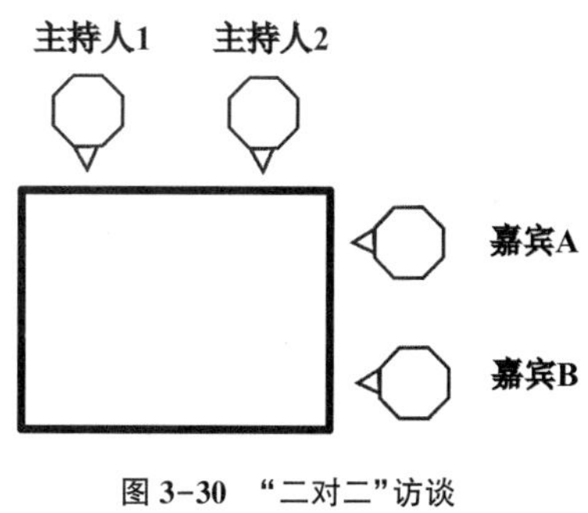

图 3-30 “二对二”访谈

如今,访谈节目为了增加内容的丰富性和戏剧性,嘉宾人数变得越来越多。例如 *The View* 中,不但参与访谈的人数众多,而且人物的角色设置也较为自由(图 3-3)。一般情况下,这档节目会有五位固定的女嘉宾参与,每期节目还会邀请两位临时嘉宾参与访谈。虽然人数很多,但是节目在机位设置和镜头调度上依然坚持“以不变应万变”的基本原则。另外,再现空间场景、位置和交流关系仍然是必须要遵守的原则和规律。在此基础之上,再根据谈话者的角色划分和位置关系尽可能地对演员进行简化处理,我们发现,虽然谈话者人数众多并且位置关系复杂,但还是可以按照简单的演员配置方案来进行处理和调度。

再以 *Open Court* 为例,虽然参与谈话的人数多达八人,但实际上这八人有着较为明确的角色分工,即由一位主持人、一位主要访谈嘉宾和六位次要访谈嘉宾组成。从访谈者的空间布局上我们发现,八位参与访谈的嘉宾整体上呈现出一个梯形对称布局。主持人和主要访谈嘉宾位于梯形的上边,次要访谈嘉宾左右各三个沿着梯形的两个腰线展开。因此,位于两条腰线上的三位嘉宾由于位于同一拍摄方向上,因此可以看成一个拍摄对象。因角色限制,次要访谈嘉宾在整个访谈中的话语权并没有那么强大,这就使这种“简化”的处理方式变得更加具有可行性。所以,从精简机位的角度出发,腰线上的三位嘉宾用一个机位也是完全可以的,但前提是同一侧腰线上的三位嘉宾最好不要频繁交换话语权。

第三节　访谈节目的调机

在对访谈节目机位设置的讨论中,我们实际上已经涉及了一些调机的相关问题。在这一节中,我们将对调机的三个核心方面(景别、角度和运动)进行系统的讨论与总结。和机位设置一样,调机需要完成“再现场景”“再现位置关系”和“再现交流关系”这三大任务,其中的重中之重又是“再现交流关系”。具体而言,访谈节目调机的目的就是要结合机位、景别、角度和运动,一方面根据谈话的内容与性质恰当表现和强化访谈者之间的语言和情感交流,烘托访谈气氛;另一方面适时地根据访谈的进程掌握好声画节奏,通过丰富的画面语言解决演播室访谈节目画面语言单调性的问题,不断维持观众的收视兴奋度。

一、景别、角度与运动

(一)景别

这里谈的景别主要是针对单个访谈者而言的,因为单个访谈者(包括主持人或嘉宾)的表现是录制访谈节目的重中之重。按照上一节中所谈论的镜头序列来看,针对单个访谈者,拍摄时主要用到近景、中近景和中景三种景别。以下三张图分别给出了这三种景别的标准形式(图 3-31、图 3-32、图 3-33)。

图 3-31　近景

图 3-32　中近景

图 3-33　中景

在这三种景别中最重要的是近景，因为它是对访谈者表情、神态以及面部细节动作进行关注的最佳景别。因此，近景也是大多数访谈节目针对访谈者单人镜头中最常用和最主要的景别。按照近景的一般定义，近景画面应当主要表现人物胸部以上的部分。但实际上受画幅比例和拍摄距离的影响，很多时候近景画面在人物的两侧还是留有一定的空白画面。如果访谈者相互之间的距离比较宽松的话，完美的单人近景是可以实现的。但是，当人物之间的距离比较紧凑时，将两个人同时置于一个画框之内则是一个比较现实的选择。例如，英国广播公司(BBC)的访谈节目 *Friday Night with Jonathan Ross*，在某一期节目中邀请了英国女子音乐合唱团体“Girls Aloud”。于是，当五位乐队成员一字排开而且略显拥挤地坐在沙发上时就出现了这个问题，几乎每一位乐队成员在说话时都是出现在双人近景画面内的。此时，说话者位于画左还是画右取决于对很多因素的考虑。如图 3-34 所示，视线留白的考虑决定了此时说话者应当位于画左。而在节目开场时，每一位乐队成员会依次进行首次发言，这个时候就可以考虑把下一位要发言的人物提前置于画面之内(图 3-35)，以给观众留下一个初步印象。所以，说话者位于画右也并非不可以。

图 3-34 说话者位于画左

图 3-35 说话者位于画右

用中景拍摄单人访谈人物也是一个常用的选择，因为中景可以很好地照顾到访谈者的手部动作，而且很多时候中景是拍摄主持人的最佳景别。因为相比于被采访对象，主持人扮演了一个相对较为次要的角色。如果主要用近景来关注嘉宾，那么景别相对深一点的中景就可以用来关注主持人了。从画面节奏的角度来考虑，用近景关注嘉宾、用中景关注主持人，也可以造成画面节奏的变化，带给观众更多新鲜感。这对于“一对一”的访谈来说尤其有效。

中景用来拍摄访谈者的单人画面其实并不常见。这是因为中景主要是用来关注人物动作的一种景别。当访谈者彼此之间距离比较近时，技术实现上有难度。当然，在“一对一”的访谈中，为了增加画面的变化以及适当地渲染环境，也是可以考虑使用中景的。一般而言，中景表现人物膝盖以上的部分。但在访谈节目中，人物基本都是坐在椅子或沙发上的，此时相比于拍摄站立的人而言，中景在视觉上并不太具有美感。有的时候，嘉宾的腿形也会令摄影师和导播感到头疼。因此，如前所述，沙发前的一张小茶几往往能起到一定的修补作用，这在为群体拍摄中景时尤其有效。当然，我们要注意茶几上的各种摆设不能过于杂乱。

一般而言，全景主要关注的是被摄对象的全貌。在访谈节目中，全景是一种十分重要的景别。它既可以用来展现谈话者全体及其位置关系，也可以用来充当镜头组接过程中的过渡画面和安全画面，或是用来调节画面的视觉节奏。全景画面最重要的任务是展现谈话者全体及其位置关系。此外，全景画面充当安全画面的功能也十分重要。一般情况下，导播会设置一个机位来承担全景拍摄的任务，这样的机位一般被称为全景机位。不过，为了保证画面语言的丰富性，全景机位经常被用来拍摄小景别的画面。但是，需要牢记一点的是无论镜头和机位怎样灵活调度，都必须保证在任何时候都有一个画面能把所有访谈者纳入其中。只有这样，我们才能始终得到一个安全画面,不会遗漏整个访谈中的任何一个关于访谈者的细节。

一般而言,对场景和环境的展示并不是全景需要完成的重点任务。在访谈节目中,环境也不是重点。但是,现在的访谈节目在场景设置上逐渐引入了更多的元素。比如,在 *The View* 中,背景的大屏幕是一个重要的画面元素。而在 *Friday Night with Jonathan Ross* 中,伴奏的乐队也是一个重要的组成部分。因此,在这些节目中,全景拍摄需要考虑带入一定的场景(图 3-36)。在一档访谈节目中,我们需要一个固定的全景画面来交代空间环境和人物关系,这个全景画面最好从头至尾在机位和调机上都保持一致。

图 3-36 将伴奏乐队纳入画面的全景

(二)角度

访谈节目调机中对角度的考虑,也是首先针对访谈者单人而言的,原则是既要展现谈话者面部的表情和眼神,同时又能呈现出一定的交流关系。因此,前侧角度的镜头是相对合适的,高度上则采用平视的角度或者稍微比访谈者的视平线高一点。正侧面角度的镜头是要避免的,因为这个角度完全无法展现谈话者的眼神。正面角度的拍摄要根据节目的具体情况而定。比如,在气氛较为激烈的谈话中,间或使用正面角度镜头可以造成谈话者之间相互“直视”的正面交锋感,也可以强化谈话的紧张感。此外,正面角度也是强化人物内心和刻画情感的最佳选择,在一些情感类的访谈节目中也可以适当地使用。

对全景而言,角度的使用是相对自由的。除了平视角度以外,还有高角度,它可以很好地展现场景的纵深感。比如,前面所讲的 *The View* 和 *Friday Night with Jonathan Ross*,就使用了高角度的全景以照顾丰富的场景元素。

(三)运动

对访谈节目而言,镜头的运动并不是一种最主要的调机方式。实际上,很多访谈节目也使用运动镜头,在使用运动镜头时,要分清运用的场合与动机。运动镜头一般分为推镜头、拉镜头、摇镜头、综合运动镜头等。

很多访谈在节目开场时都会选择推镜头,由展现场景和人物位置关系的全景推至主要访谈者(尤其是主持人)的近景,在一个镜头内既完成对场景的交代,又可以关注开场的情节,一气呵成。另外,推镜头由远及近,可以让观众产生一种进入剧情的视觉心理。

与推镜头相反,拉镜头多在节目结束时使用。镜头的缓缓拉开把观众带离了节目现场,也给谈话画上了一个句号。如果说推镜头在访谈节目进行过程中可以偶尔使用的话,那么,拉镜头的使用则需要慎之又慎。

摇镜头在访谈节目中极少使用,因为摇镜头的节奏过于缓慢,在话语权频繁交换的访谈节目中并不适宜。但是,摇镜头如果摇动的速度不断加快,就变成了甩镜头。在一些气氛激烈和紧张的访谈节目中,甩镜头偶尔为之并不会显得突兀,反而能对激烈的谈话气氛起到强化作用。

图 3-37 《时事辩论会》人物关系

凤凰卫视《时事辩论会》有一期叫作《"公示送红包者"是作秀吗?》的节目,参辩双方以及主持人的位置关系如图 3-37 所示。在这期节目中,辩论双方照旧进行激烈的辩论,话语权频繁交换,气氛紧张而热烈。当谈话内容围绕律师庄希钟所收的董青的红包展开时,镜头给了庄希钟一个标准的单人画面。此时,画面中的庄希钟正在为自己辩解,而画外的董青也开始说话。于是,我们看到拍摄庄希钟的镜头迅速向右"甩"到了董青。从画面效果来看,这个甩镜头很好地强化了此时激烈的谈话气氛。实际上,由于受机位数量的限制,承担多项拍摄任务的机位在拍摄访谈节目时为了捕捉说话者的画面,经常需要进行这种快速的甩镜头。很多时候,导播认为"甩"的过程是无效的,是不应该呈现给观众的。但是逆向思考我们就会发现,这样的甩镜头根据节目的具体情况也是可以使用的。对于这期节目中的这个甩镜头,我们可以认为它是导播有意设计的一个镜头,而在其他一些场合,也许是机位不够的无心之举,却能产生意想不到的效果。

综合运动镜头主要包括移镜头、升降镜头、跟镜头等，它在展现画面的形式感上极具表现力。在现代访谈节目中，综合运动镜头的使用越来越普遍和频繁，这可能是展现场景和人物关系的必然要求。例如，在前面谈到的 *First Take* 中，使用运动镜头的主要目的是展示人物的空间关系。还有一些综合运动镜头，比如现在节目中频繁使用的摇臂镜头，根据节目的气氛和节奏做出相应的运动，以烘托和渲染气氛。整体而言，镜头的运动要根据节目的性质、气氛和节奏而定。如果谈话氛围火爆，则需要导播通过运动镜头的方式让观众感受到现场的气氛；如果谈话氛围温馨，则运动镜头要表现得较为柔软。

二、全景机位的“活用”

访谈节目时空相对单调，机位的数量和位置也都相对有限。于是，如何提升画面语言的丰富性是导播面临的一大挑战。此外，访谈节目最重要的任务就是突出和强化主要的交流关系。对于主要的交流关系，我们希望尽可能实现多景别、多角度的拍摄。因此，如果机位数量受到限制，我们就不得不求助于机位“活用”了。对于机位“活用”，我们需要考虑几个要点：哪些机位可以用来“活用”？“活用”的时机或时间段是什么？“活用”画面的规律有哪些？

需要明确的是，这里的“活用”并不简简单单是同一个机位在位置不变的情况下通过变换镜头角度而实现的“活用”。这里的“活用”指的是对机位进行变化的调机行为。根据上面列出的镜头序列表我们就会发现，每一个机位在节目录制过程中都需要不断地变换拍摄的景别和对象，只有移动了机位，才有可能对某一交流关系方向上的拍摄进行丰富和强化。按照这样的逻辑，主要交流关系方向上的机位不可能同时也没有理由“活用”，能够“活用”的应当是负责相对次要画面的机位。于是，在上述“一对三”的访谈案例中我们看到，主要负责拍摄全景的 2 号机在访谈开始后会从 A 位置移动到 B 位置，以协助 3 号机对嘉宾 B 和嘉宾 C 进行拍摄。但从另一个角度来看，在这个案例中，2 号机对 3 号机的“增援”实质上更接近于“雪中送炭”，而并非“锦上添花”。因为，在 3 号机的拍摄方向上原本就有两位嘉宾，这是一个嘉宾数量大于机位数量的格局。因此，当 2 号机在节目开场后移动到 B 位置以后，其自身也再没什么可以“活动”的空间了，只能等到节目收场之前再回到A位置。因此,这种“雪中送炭”式的“活用”对于导播来说并没有太多可以发挥的空间。但是,如果在一个“一对一”的访谈中我们采取三机位的拍摄方案,那么承担全景拍摄任务的机位在整个访谈过程中都是相对自由的。我们可以把这样的机位称为全景机位。以下关于“活用”的讨论也是围绕这种自由度较大的全景机位展开的。

【案例分析】台湾明星访谈节目《幸福人100号》

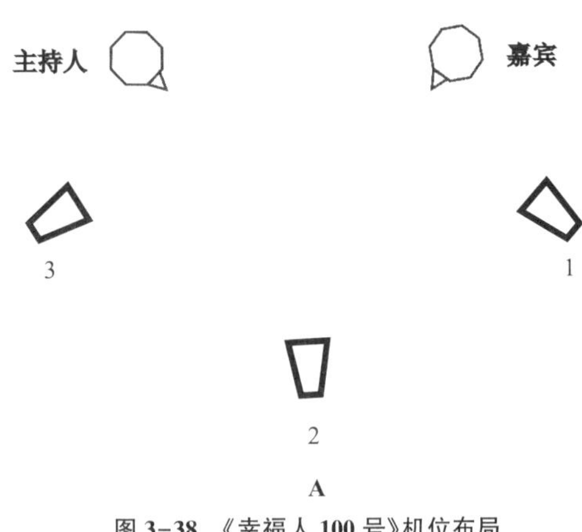

图3-38 《幸福人100号》机位布局

图3-39 2号机A位置全景

明星访谈节目《幸福人100号》是一档由台湾东风卫视制作的明星访谈节目。从导播工作的角度看,这是一档典型的“一对一”访谈节目,用三机位进行拍摄,时长约45分钟(包括插播录像以及广告),机位图如图3-38所示。

从这个机位图中我们不难看出,承担全景拍摄任务的2号机可以进行“活用”。节目开场的时候,3号机和1号机分别用单人镜头交代主持人和受访嘉宾。接着第三个镜头就出现了2号机的画面,在机位图的A位置用全景交代了场景和位置关系(图3-39)。这是一个较为常规的开场镜头序列。那么接下来问题就产生了,从强化主要交流关系的角度出发,2号机可以向左侧移动去支援3号机以加强对嘉宾的拍摄,从而丰富画面语言。那么,2号机在“活用”时到底需要考虑哪些因素呢?接下来,我们将对之后的镜头调度进行详细的解剖,以求发现其中的奥妙。

表 3-1　《幸福人 100 号》全景机位“活用”段落分析

镜号	图号	机位	景别	图示
1	图 3-40	2	全景	
2	图 3-41	3	近景	
3	图 3-42	2	中景	
4	图 3-43	3	中近景	

续表

镜号	图号	机位	景别	图示
5	图 3-44	2	中景	

当谈话进行到第 10 秒时,2 号机拍摄的全景画面第二次出现。如上所述,这是一个标准的全景画面,机位的位置与 3 号机和 1 号机构成了一个标准的倒三角形。当谈话进行到第 27 秒时,A 位置的全景画面第三次出现。在这一过程中,我们发现 3 号机在拍摄嘉宾时分别使用了中景(图 3-45)、中近景(图 3-46)和近景(图 3-47)。

图 3-45　3 号机中景画面

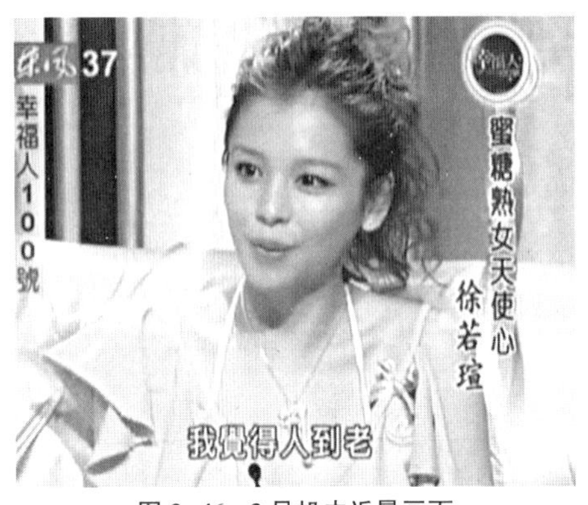

图 3-46　3 号机中近景画面

图 3-47　3 号机近景画面

当谈话进行到1分28秒时,我们发现2号机已经移动到了B位置(图3-52),并拍摄了一个前侧角度的全景(图3-40)。这时候,我们在拍摄嘉宾的方向上就多了一个机位选择,而多出的这个机位可以提供从全景到中景的丰富的画面选择。于是,我们就看到了一组2号机从全景(图3-40)跳切到3号机近景(图3-41),再拉开至2号机中景的镜头组合(图3-42),再切到3号机中近景(图3-43),最后跳回到2号机中景的镜头组合(图3-44)。

谈话进行到2分12秒时,2号机在B位置又使用了一次全景。接下来我们发现,大约在3分20秒的时候出现了一个嘉宾的中近景。这个中近景看上去和之前出现的3号机拍摄的中近景并没有太大的区别(图3-48)。但是,经过仔细对比发现,这个镜头实际上和3号机拍摄的中近景有着细微的差别。例如,这个镜头的景别稍微宽松了一些,而且嘉宾与背景的空间位置关系也有了细微的差别。于是,可以先做一个大胆的假设,这可能是2号机出现在了新的位置上,我们暂且称之为C位置。接下来,一个角度更加大胆的过肩镜头出现了(图3-49)。很显然,这个过肩镜头应该是3号机所拍摄的,而且从拍摄角度上来看,3号机也向左移动了一定距离,以完成这个过肩镜头的拍摄。换句话说,3号机此时承担了关系镜头的拍摄任务。接下来,3号机所拍摄的过肩镜头和2号机所拍摄的中近景连续交错使用。

图3-48　2号机C位置中近景

图3-49　3号机过肩镜头

到了第5分30秒的时候,画面上再次出现了一个嘉宾的中近景,而在这个中近景之前是主持人的反打镜头。细心的观众会发现,这个中近景已经不再是2号机所拍摄的了,而是又换回了3号机。通过画面对比可以发现,2号机和3号机拍摄的中近景差别不是很大。也就是说,可能大部分观众都会忽略此时3号机拍摄任务的重新调整,而在这次调整之前,2号机在C位置上已经连续使用了9次中近景。

到了第5分43秒时,画面中先是出现了3号机拍摄的嘉宾中近景,接下来又出现了一个全新的全景画面(图3-50)。于是,我们可以断定这是2号机在C位置拍摄的。之后,这个全景画面又连续反复使用了2次,并且2号机在C位置又给出了嘉宾一个新的中景画面(图3-51)。此后,在C位置,2号机反复地用中景和全景对嘉宾进行拍摄,并与3号机拍摄的中近景交替使用。

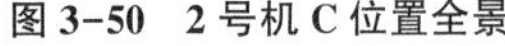
图3-50 2号机C位置全景

图3-51 2号机C位置中景

到了第12分20秒时,2号机重新回到B位置拍摄了一个全景。之后,2号机在B位置又使用了中景,和3号机的中近景交替拍摄嘉宾。

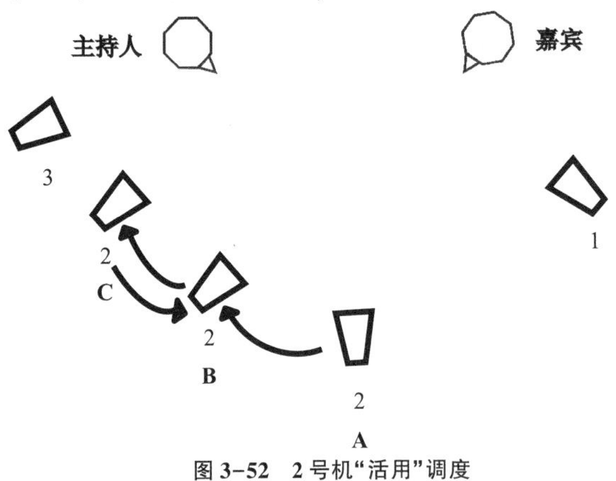

图3-52 2号机"活用"调度

从A位置到B位置,再到C位置,最后又从C位置回到B位置,实际上2号机的"活用"已经完成了一个循环,或者从某种意义上说是第一轮的"活用"(图3-52)。随着谈话主题的转换,2号机又开始朝C位置移动,开始了新一轮的"活用"。如果将第一轮的“活用”作为完整的研究对象来看，至少有以下一些规律值得我们思考：

首先，从空间角度来看，我们需要考虑2号机“活用”的位置，也就是说，除了A位置以外，导播应该将2号机调度到什么位置上。机位“活用”的根本出发点是为了增加镜头语言的丰富性，因此，如果2号机出现在很多不同的位置上，当然可以得到更多不同角度和景别的画面。但是，这样也容易造成画面的杂乱。同时，我们还需要考虑画面拍摄的基本要求。因此，在这个案例中，2号机真正“活用”的地方就是B和C两个位置。在这两个位置中，B位置基本接近于从前侧45°拍摄，从摄影造型创作的要求来说，这是一个较为合适的位置。同时，在B位置可以针对嘉宾拍摄全景和中景。其中，全景可以用来调节视觉节奏并展现空间关系，中景可以用来与3号机的中近景组成一个多景别的镜头组合，从而完成丰富的嘉宾画面表现的任务。

在C位置，2号机使用了全景、中景和近景三种景别。和B位置一样，全景也是用来调节视觉节奏并展现空间关系的，中景则和3号机的近景组合在一起强化对嘉宾的表现。值得注意的是，2号机在C位置拍摄了近景。这与3号机拍摄的近景实现了无缝衔接。也就是说，从视觉效果上看，观众会认为整个节目中表现嘉宾的近景只有一个。这似乎在某种程度上削弱了画面语言的丰富性，但实际上通过机位“活用”来提升画面语言丰富性的努力也是有限度的。和其他戏剧冲突更为强烈的节目不同，在访谈节目中，对于主要人物的表现我们必须设计和使用一个“主镜头”，这个“主镜头”不但体现在使用的量上，更重要的是体现在拍摄位置、景别和角度的一致性上。也就是说，要通过这个“主镜头”，帮助观众建立对主要人物的连续性认知。很显然，为了实现这一目的，2号机的C位置几乎已经和3号机的位置重叠了，只有这样才能尽量保证两个机位拍出来的画面相似。因此，在机位“活用”中，“活用”的位置和画面的参数并不是越复杂越好，过于复杂容易造成画面的杂乱和无序，应该始终把握一个“度”。这个“度”的标准应当是既能通过机位的“活用”来提升画面语言的丰富性，又能保证主要镜头在视觉效果上的连续性和统一性。总之，机位“活用”一方面要努力用较少的机位营造出“多机位”的效果，另一方面也要尽力掩盖“活用”的痕迹。

其次，从时间角度看，我们需要考虑机位“活用”后画面视觉效果与观众视觉心理相配合的问题。演播室节目由于时空的单调性容易造成观众的收视疲劳，而随着节目时间的推移，这个问题会更加严重。因此，从视觉节奏曲线的角度来说，我们应当逐步提升画面对观众视觉心理的刺激程度，逐渐拉升视觉节奏曲线的角度。在这个案例中，我们看到机位"活用"也是随着时间的推移，通过拍摄角度的不断变化逐渐拉升视觉心理节奏曲线的。当2号机位在A位置时，由于是接近正面的角度，这个画面从摄影造型上来说相对呆板和机械；当到了B位置时，前侧45°使画面造型显得活泼了一点；而当2号机移动到C位置时，原本负责拍摄嘉宾近景的3号机被解放出来拍摄了一个过肩镜头。这个过肩镜头利用画面焦点的虚实以及前后景的安排，形成了一个视觉刺激性很强的镜头。于是，从A位置到B位置，再从B位置到C位置，三个全景关系镜头随着时间的推移，不断提升视觉节奏和效果，这在很大程度上配合了观众的收视心理。也就是说，当观众开始逐渐觉得画面单调和乏味时，导播需要通过机位的"活用"调度使画面的视觉刺激逐渐加强。反过来说，如果节目一开始就通过"活用"调度实现一个过肩镜头，那么视觉节奏曲线一上来就会被拉得太高，后面提升的空间就很有限了。所以，这个曲线要缓缓地进入，随着谈话的开端、发展和起伏逐渐拉升至高潮。接下来，2号机又重新回到B位置，于是我们又看到了前侧角度的关系镜头，这也就相当于视觉节奏曲线由高潮慢慢舒缓下来。因此，全景画面在节目景别曲线上要配合谈话的开端、发展与高潮段落，通过拍摄角度、景别等进行相应的配合。

最后，该案例还告诉我们，机位"活用"往往还会牵涉多个机位之间相互配合的问题。在这个案例中，2号机"活用"时最主要的任务是在C位置与3号机配合强化对嘉宾的表现。一般而言，2号机在C位置的关系镜头或者中景与3号机的近景形成镜头组合，这可能是大部分导播通常用的处理手法。因为，毕竟3号机是承担嘉宾近景镜头的主要机位。但是，在这个案例中，为了实现对嘉宾的过肩镜头，2号机在C位置也承担了拍摄嘉宾近景镜头的任务。正如上所述，由于导播的巧妙调度和摄像团队丰富的经验，这一任务的交接十分顺畅、不着痕迹。于是，在节目开始的某一时间段内，3号机拍摄的嘉宾过肩镜头与2号机拍摄的嘉宾近景镜头形成了一个镜头组合。试想一下，如果不是因为2号机的"活用"，3号机是难以实现过肩镜头的拍摄的。2号机的"活用"实际上不但丰富了自己所拍摄的画面，也激活了其他机位在拍摄上的可能性与丰富性。导播应当学会从团队配合的角度来对机位"活用"进行设计,这非常重要。

通过这个案例,我们总结了一些机位"活用"调度的一般性规律,也分析了在这个具体节目中机位"活用"的独到之处。规律性的总结实际上还是从视听语言的角度出发的,比如这里谈到的视觉节奏、摄影造型等。这些规律性的东西不仅对导播有帮助,对摄像师来说也是有帮助的。因为机位"活用"无论怎样"灵活"都还是有一定规律可循的,要做到"活而不乱"。根据一般性规律,在这个节目中,2 号机的位置其实在不断地走一个回路,这样无论是导播还是摄像,都会对下一次"活用"的位置与时间有个大致的预判,彼此形成默契。同时,因为规律性的"活用",观众对镜头的变化也会有规律可循,不会产生错乱或杂乱的感觉。

第四节　访谈节目的切换

画面的切换是以镜头的调度为基础的,两者是相辅相成、难以分割的,这一点在情景剧导播的讨论中已经反复强调过了。这节要重点讨论的是关于"跳全景画面"和反应镜头的使用都需要摄像师与导播密切配合这一问题。总体而言,访谈节目和情景剧一样,都属于语言类导播节目。但是相比于情景剧,访谈节目中动作的使用十分有限,所以基本上是将语言(声音)作为主要动机的。

一、访谈语言的性质

在访谈节目中,语言是信息传达最重要的载体。除了嘉宾与主持人的表情和动作外,语言的内容以及声音的特点是访谈节目的核心表现对象。实际上,访谈节目就是一种以人们之间的交流和谈话为主要内容的节目。但是,电视媒介传播的特点和要求又决定了荧屏上的谈话除了具有日常交流话语的共性以外,还要有自身特殊的个性。因此,导播需要对这些个性有所了解,进而去探索和掌握访谈节目画面切换的基本规律。

(一)完整性

就日常生活中的交谈而言,我们需要保持语言的相对完整性,从而保证交流的顺畅进行。例如,一方问完一个完整的问题后,另一方开始作答,这就是语言交流的完整性要求。但是,日常生活中语言交流的对象是参与谈话的人,而电视访谈节目中语言交流的对象是电视机前的观众。从某种意义上说,电视访谈节目对语言完整性的要求更高,因为观众毕竟"置身事外",如果彼此间的交流语言过于破碎和零散,会给观众带来信息接收和理解上的困难。因此,对于访谈节目语言完整性的把握首要责任者是主持人,也就是说主持人必须时刻意识到这是电视中的语言交流,维持语言的相对完整性是十分重要的。一方面,主持人自己对于打断嘉宾的话语权要十分谨慎;另一方面,在群体访谈中,当出现话语权交换频繁、话语过于碎片化的时候,主持人也要注意控制场面。

对导播来说,一般情况下,要尽力保持语言的相对完整性。这也给我们在切换上提供了一个最基本的依据:一段话的结尾就是一个基本的切换点。例如,主持人在某一时刻问了嘉宾一个问题,那么,当这个问题的最后一个字话音刚落时,导播就应该下刀进行画面切换。这一规律实际上要求导播在工作中不但要兼顾调机和画面,还必须"分心"去倾听语言的内容。具体而言,就是要对语言的完整性有一定的预判能力,要能够根据谈话内容和经验大致判断出一段(句)话会在什么时候结束,从而准确地在最后一个字话音刚落时进行切换。当然,受导播个人习惯以及话语节奏多变的影响,准确地把握具体的切换点并不容易。有时候会有个十几帧的差别,但这并不会带来太大的影响。一些有经验的导播往往能从谈话内容中判断出一段话会在什么时候结束以及下一个说话的人是谁,从而提前调度好镜头并准备好切换点。例如,主持人经常会说这样的话:"其实我特别想知道××对这个问题的看法……"

(二)节奏性

在语言交流中,不但语言的内容有节奏,语速、音高、音色等声音的属性也会产生节奏。设想一下,当朋友满怀深情地对我们诉说一段感人往事时,我们也许很不忍心打断其话语。而当一段谈话的内容乏味、声音缺乏吸引力时,我们很快就会失去兴趣。这些规律对于演播室访谈节目的制作和收看也是同样适用的,导播要能根据语言的节奏来掌握"剪辑率"。如果谈话内容娓娓道来、节奏舒缓,那么导播就应当以较为平缓的剪辑来适应甚至是强化这样的语言风格;而如果在一档辩论类访谈节目中,导播则应当用较为明快甚至是激烈的节奏来处理画面的剪辑。

但是,对观众来说,他们在观看演播室访谈节目时并非置身于“面对面”的对谈中,再加上演播室空间景物较为单调,人物又缺乏动作表现,因此随着时间的推移,无论语言节奏多么强烈的访谈都会让其产生疲劳感,从而导致收视注意力下降。从这个角度来说,演播室访谈节目画面剪辑的节奏以及镜头调度的节奏在保持整体风格与语言节奏相适应的情况下应该是逐渐加强的。除此之外,在访谈节目中,导播还会经常采用“跳全景”的方法从景别上增加节奏的变化,以减轻语言节奏性减缓给观众带来的疲劳感。

(三)易碎性

语言的易碎性是和完整性相反的概念。一般情况下,说话者为了完整传递信息和表达感情都会尽力保持一个句子或者一段话的完整性。因此,在访谈节目的录制过程中,导播根据语言的完整性特点来选择剪辑点是可行的。但很多情况下我们发现,语言的完整性并不那么容易实现。例如,说话人突然思路中断戛然而止,或者话刚出口两个字就被听话人抢白。这些情况在演播室访谈中同样会出现。很多时候,没有经验的导播会根据“完整性”原则刻板地去紧跟话语权的转换掌握切换点。于是,当某一时刻嘉宾 A 开始回答问题,画面也切到了嘉宾 A,但是嘉宾 A 只说了两个字就被嘉宾 B 把话茬接过去了。此时如果导播也将画面切到嘉宾 B 的话,那么嘉宾 A 的画面可能只有 1 秒钟左右。很显然,这个画面长度太短了。如果在一段谈话中大量出现这样的情况,画面剪辑就会显得太碎。所以,导播要对语言的易碎性时刻保持警惕,不能被声音牵着走。在话语权转换过快而频繁的时候,导播应当沉着冷静,根据整体的剪辑率和画面的具体情况来选择剪辑点。

(四)单一性

一般情况下,语言信息的完整传递应当包含视觉信息和听觉信息。根据传播内容的不同,视觉信息和听觉信息会有各自的长处和短处。很多情况下,无论是视觉信息还是听觉信息,都只能从一个侧面描绘一个对象。因此,我们要分清对于某些信息的传播是更适合使用听觉信息还是视觉信息。这一规律对于演播室访谈节目同样适用。假设某一时刻,主持人正在向嘉宾提问,而且提问的问题中包含对嘉宾相貌和外表的描述,很显然,在这种情况下,嘉宾外表的信息会比主持人语言描述的信息更加直观和形象。因此,观众可能更希望看到嘉宾的画面。所以,在主持人问题还没有问完的情况下,导播适时地把画面切到嘉宾也是一个明智的选择。这实际上就是我们常说的反应镜头的使用。

以上所讨论的演播室访谈节目语言的性质和我们日常生活中交流语言的性质相比,既有共性也有个性。总体来说,日常生活中的语言交流更能凸显完整性。而在演播室访谈节目中,虽然根据语言的完整性来掌握切换点是一个基本规律,但我们更多地需要根据语言的节奏型、易碎性和单一性来调整画面切换。这也对画面切换中关于"跳全景画面"和"反应镜头使用"提出了要求。

二、跳全景画面

在上一节中我们着重讨论了全景机位"活用"的问题,并且我们认为"活用"的原因在于全景机位相对来说拍摄任务较为单一,而"活用"以后可以增加画面的丰富性,强化对主要人物的表现。这一节所讨论的全景画面使用则是从声画关系的角度来谈的。如上所述,虽然语言是访谈节目重点表现的对象,但有时候视觉信息的意义是超过听觉信息的。这就要求导播掌握适当的时机,将说话人的画面表现切到照顾场景和人物关系的全景画面中。

首先,在访谈节目开始时,当由主持人单人画面切换到嘉宾时最好用全景来过渡。这样做的好处是能够在第一时间让观众对场景空间和人物关系有所了解。如果是由主持人的单人画面直接切到嘉宾的单人画面,观众也许会产生疑惑:嘉宾和主持人的空间关系到底是怎样的呢?

当然,也有很多导播对这个要求不以为然。我们也确实看到过在很多节目中导播先分别给出主持人和嘉宾的单人画面后再跳切一个双人全景。实际上,这种切换顺序也不是完全不可以的。尤其在一些栏目化的节目中,由于长期收看同一档访谈节目,观众已经对场景空间和人物关系有了足够清晰的认识,这时候全景画面的位置就没有那么重要了。

其次,在谈话开始的前几分钟内,多用全景给关系镜头。这样做可以使节目在刚开始的时候,强化观众对场景空间和人物关系的认知。这对人物数量较多的群体访谈节目来说尤为重要。当然,从画面造型的节奏角度来说,全景画面景别较为宽松,节目一开始多用全景画面也可以建构一个较为舒缓的画面节奏曲线,然后随着谈话的深入,再通过大量的近景画面来逐渐拉升这个曲线。因此,在节目开始时,各个机位其实都可以承担全景机位的任务,从各个角度拍摄全景画面,从而完成对空间场景和人物关系的全方位交代。

最后,如果两个相同偏置的人物在交替讲话时,导播最好不要连续使用这两个人物的单人画面。所谓相同偏置的人物指的是相对于主持人或其他嘉宾来说视线方向相同的人物。例如,在图 3-28 中,嘉宾 A 和嘉宾 B 就属于相同偏置的人物。在这样的人物空间关系中,可能会出现的一种情况是,当嘉宾 A 说完一段话后嘉宾 B 紧接着就开始说。那么,如果前一个镜头是嘉宾 A 的单人画面,最好不要紧接着给嘉宾 B 的单人画面,而是给一个景别稍大能同时将这两个人物容纳在画面里的镜头。这样做的好处是:一方面,可以再次交代这两个相同偏置人物的空间关系;另一方面,虽然嘉宾 A 的语言已经告一段落,但之后其表情和动作可能还包含非常大的信息量,尤其在嘉宾 A 的话语权是被嘉宾 B"抢"过去的时候,这时候如果能使用一个全景画面,则既可以交代嘉宾 B 的语言,又可以兼顾嘉宾 A 的反应。因此,这就要求导播在面对相同偏置的群体时,最好始终保留一个景别相对完整的机位。当然,在机位数量不够的情况下,跳一个全景画面也不是不可以。如图 3-27 中,在嘉宾 A 和嘉宾 B 的拍摄方向上只有一个机位,因此在交替话语权时不得不使用全景机位来过渡,也有的导播会在此时选用主持人的反应镜头。但相比于全景画面来说,用主持人的反应镜头有可能会丢失嘉宾 A 的反应,所以并不是上佳之选。

三、使用反应镜头

在演播室访谈节目中,反应镜头的运用往往是最能体现导播水平和经验的。反应镜头的运用既考验导播对反应镜头运用艺术规律的掌握,更重要的是,还考验导播在切换过程中能否做到眼疾手快,从而及时抓取重要的反应镜头。那么,到底哪些反应镜头是我们所需要的呢?让我们先从反应镜头的类型开始谈起。反应镜头主要可以分为以下几种:

(一)表情动作类反应镜头

表情动作类反应镜头应该说是反应镜头里最常见和最常用的一种类型。当谈话中的一方侃侃而谈时,作为倾听者的另一方一个微笑、点头、撇嘴或惊讶等的表情动作实际上不但是对交流关系进行完整表现和强化的重要信息环节,而且从视觉信息传达方面来说也极具表现力。因此,对导播来说,抓取和保留最富表现力的反应镜头是非常重要和具有挑战性的任务。

但是,很多时候,这项工作并不是那么轻松的。与语言一样,表情和动作也有易碎性,而且大部分转瞬即逝。于是,当我们预判或者注意到一个惊讶的表情、动作即将发生然后切换过去的时候,它很可能已经结束了。于是,很多导播在切反应镜头的时候往往不太用单人画面,因为小景别不容易掩饰这样的失误。而用大景别做反应镜头的话,不但可以兼顾到人物的表情和动作,而且还可以作为一个改变画面节奏的镜头来使用。也就是说,即使表情和动作的表现力不够,观众也不会觉得突兀。当然,大景别对于表现人物细腻的表情和动作细节就没有小景别那么有优势了。

表情动作类反应镜头还有调节画面和时间节奏的重要作用。例如,当嘉宾的一段话时间过长时,中间就可以不失时机地插入主持人的反应镜头来消解时间、活跃画面。有的时候为了达到这一目的,导播对这类反应镜头的选择其实很生硬,无论表情或是动作都不具备足够的表现力。但是,一些经验丰富的主持人在访谈中往往能够意识到什么时候需要自己主动给出一个"反应",这样的反应镜头其实是弥足珍贵的。

(二)说明类反应镜头

在介绍访谈节目语言单一性特征的时候,我们已经提到了反应镜头所能起到的说明作用。也就是说,对于一些信息的传递,反应镜头的视觉信息要么更加清楚明了,要么更加形象和具有表现力,要么能对听觉信息起到很好的补充说明作用。这一类镜头我们可以统称为说明类反应镜头。

例如,在节目中,主持人说道:"我记得是去年吧,《中国时报》的一位记者有写了一篇……不管年纪,你现在可能是熟女了……"在这段话中关于被访嘉宾的"年纪"以及其所谓的"熟女"形象,实际上用视觉信息来进行传递和说明会更加形象,因此,导播及时地切了一个嘉宾的近景反应镜头。这个反应镜头是对主持人语言的一种画面"说明",因此是一种典型的说明类反应镜头。

基本的说明类反应镜头应当是对话语内容的一种图解,即通过画面信息客观地呈现语言内容。当然,从声画关系的角度来说,还有很多种不同的情况。例如,反应镜头可以与说话人的语言内容形成对位、对比和延伸等关系。对这些细致入微的关系的把握,有赖于导播的丰富经验和临场的敏捷反应。

（三）关系类反应镜头

访谈类节目导播最重要的任务就是强化访谈者彼此之间的交流关系。前面所说的表情动作类反应镜头就在这方面发挥了很好的作用。然而,相对于一些带有现场观众的访谈节目来说情况就不一样了。这些访谈节目中的观众往往会在某一时刻通过提问或者回答问题的方式参与到访谈中来。虽然现场观众并不是节目的主体,但对于丰富节目内容、调整节目节奏也起到了至关重要的作用。有的访谈节目的节目组会设计一位现场观众在节目中承担一个重要的角色。主要观众在节目中说话的机会相比于主要嘉宾和主持人来说少很多,因此建立和强化主要观众和嘉宾以及主持人之间的交流关系就会更加困难。因此,很多导播会在节目进行过程中"故意"多给这些主要观众一些反应镜头,以帮助建立和强化交流关系。

一般来说,主要观众只会在节目的某一时段加入到交流中来。所以,导播常用的做法是在节目的开始、临近主要观众加入谈话以及主要观众参与谈话结束后"故意"使用一些反应镜头。这些反应镜头可能捕捉不到很具代表性的表情或动作,也可能起不到对语言说明图解的作用,其主要目的就是帮助电视机前的观众建立一些对这些主要观众的视觉认知以及强化他们和嘉宾、主持人之间的交流关系。因此,这是对反应镜头的一种"故意"使用,其主要目的就是建立与强化交流关系。

《实话实说》有一期关于减肥的节目。在节目一开始,访谈主要发生在主持人和台上的三位嘉宾之间。然而,细心的观众会发现,只要台上嘉宾风趣的语言在观众席上引起一片笑声时,导播就会给出一位观众的单人画面的反应镜头。当节目进行到某一时刻时,主持人请出了这位观众,原来他是一位医学专家,对减肥非常有研究。当这位专家起身回答完一些问题并坐下后,我们发现导播又先后几次给出了这位专家的反应镜头。很显然,这些反应镜头对这位观众的出场以及参与交流做了很好的铺垫以及完整的交代。实际上,不但是主要观众,对那些在节目中"随机"参与提问或回答问题的观众来说,导播也会在他们回答完问题后"故意"给这些本来就“着墨”不多的观众一些反应镜头，以帮助观众与节目建立交流关系。

（四）填充类反应镜头

与前面三种反应镜头相比，填充类反应镜头在内容层面上考虑得比较少。填充类反应镜头主要是对画面和时间的填充。对画面的填充可以有不少应用的情境。比如，在机位不够的情况下，导播需要对镜头进行重新调度，用主持人或嘉宾的反应镜头对画面进行填充，这就起到了一个过渡作用。还有一种情况，在某一时刻正在使用的画面出现了一些意外情况（比如嘉宾的情绪失控等），导播觉得正在使用的画面已经不适合继续播出了，需要找一个其他画面来暂时填充或者过渡一下。这时一个填充类反应镜头就可以起到这样的作用。

对时间的填充主要是对时间节奏的调节。随着访谈节目时间的延伸，观众或多或少都会感觉疲劳。因此，对画面节奏进行调整可以在一定程度上缓解这种因为时间的延伸而造成的疲劳感。随机使用几个反应镜头，变换一下画面的内容，可以在一定程度上起到对时间消解和填充的作用。

实际上，使用全景镜头也可以替代填充类反应镜头的一些功能，但二者还是有一些区别的。例如，在图 3-27 中，当相同偏置的嘉宾 A 和嘉宾 B 交替讲话时，由于在嘉宾 A 和嘉宾 B 的拍摄方向上只有一个机位，此时我们可以选择用主持人单人的反应镜头，也可以选择使用全景镜头进行画面过渡。用主持人的反应镜头从技术上说完全没有问题，但是在这种情况下使用全景画面进行过渡会更好一些，因为在镜头转换的过程中，全景画面可以照顾到所有人的反应。但是，反过来说，如果某一刻导播不想让某一人物出现在画面内，那么单人的反应镜头则又比全景镜头更加适用。

四、画面切换的其他注意事项

除了跳全景画面和使用反应镜头以外，演播室访谈节目在画面切换上还有不少需要注意的细节。这些细节从根本上来说还是围绕准确再现场景位置关系和强化人物间交流关系而展开的。当然，在实践中，对于一些细节要求的不同，导播可能把握的尺度并不完全相同。因此，以下关于画面切换的一些细节要求也仅供大家参考。

第一，在群体镜头的连续组接中，导播应尽量避免同一个人物分别出现在画面的两侧。如图 3-53 所示，在这样一个二机位拍摄的“一对二”的访谈节目中，假设某一时刻的画面是 2 号机拍摄的主持人和嘉宾 C 的双人镜头，此时主持人位于画面的左侧。接下来，如果导播使用 1 号机拍摄一个嘉宾 B 和主持人的双人镜头，那么主持人又会位于画面的右侧，主持人的位置在连续两个画面中就出现了不匹配，产生了跳跃感，这会让观众感到不舒服。因此，我们要尽量避免这样的组接方式。

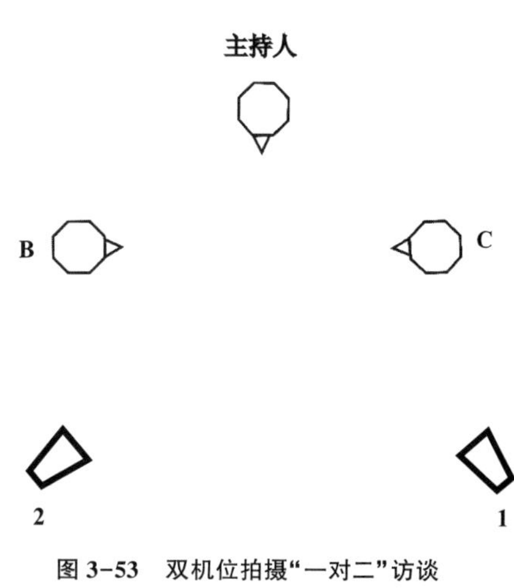

图 3-53　双机位拍摄“一对二”访谈

第二，导播在拍摄某一正在说话的嘉宾时，应避免从单人的小景别镜头切换到同角度的大景别镜头。从画面剪辑的规律来说，在拍摄角度相同的前提下，景别连续由小变大一般称为“后退式”画面组合。这种蒙太奇手法往往表达的是一种“退出”的含义。因此，如果针对访谈嘉宾使用这种画面组接方法，则可能暗示导播觉得此刻嘉宾的谈话有些乏味。因此，如果我们要插入全景画面，最好能够变换一下拍摄角度。

第三，如果某一刻正使用单人小景别镜头拍摄正在说话的嘉宾或主持人，导播应避免反应镜头使用大景别。假设第一个镜头中导播使用了单人近景来拍摄访谈嘉宾，第二个镜头又马上使用了一个相反角度的大景别画面。此时，说话者变成了背对观众。假设说话者和听话者此时都没有什么夸张的动作，那么这个全景反应镜头就会出现一种“静止”的感觉，更为关键的是全景也无法对听话者的面部表情进行刻画。所以，这样一个反应镜头就没有必要了。

第四，导播在使用两个完全相同的全景画面时应避免中间只间隔一个小景别画面，尤其是当这个小景别画面长度较短时，很多人把这样的镜头组合称为“拉抽屉”，这样的画面组接方式会让观众觉得跳跃感太强。因此，导播要么在两个完全相同的全景画面中插入两个小景别画面，要么让前后两个全景画面在镜头调度上有所区别。

第五，画面切换点不一定非要严格地定在话语权交替时。根据语言的“完整性”原则，我们尽量保证在话语权交替时进行画面切换，但有时候不一定非要这么死板。虽然上一个发言的人话语已经结束，但其表情和动作可能还有很大信息量或表现力，这时候导播就可以稍微“拖延”一下切换点；反过来，可能主持人针对嘉宾的问题还没有问完，但此时嘉宾的表情和动作已经很有信息量或表现力了，这时导播就应该当机立断地“提前”判断切换点。

第六，避免频繁地画面切换，尤其是当谈话内容很吸引人并且很有表现力时。很多导播在切换台前都容易产生频繁切换的冲动，总会担心如果长时间不换镜头就会让观众觉得乏味。实际上，相比于观众而言，导播对说话内容的关注是要少一些的。因为他们过多地关注了画面，所以时间久了更容易有变换节奏的冲动。实际上，如果谈话内容真的很有趣的话，观众对画面的节奏是不会那么在乎的。因此，在这种情况下，换镜头一定要有充分的动机。

思考题：

1.访谈节目中机位设置的基本原则是什么？

2.访谈节目中全景机位“活用”的规律和注意事项有哪些？

3.在“一对三”的访谈中，主持人也可以坐在三位嘉宾的同侧，这种安排更适合三位嘉宾分别持不同的观点或者扮演不同的角色。那么三机位的镜头序列会发生怎样的变化？

4.访谈节目中反应镜头使用的规律有哪些？

第四章　导播工作术语与指令

本章要点：

术语与指令的原则

常用术语与指令

在演播室节目录制过程中，导播是处于绝对核心地位的。他需要调动、协调所有工种来共同完成节目的录制。很显然，在整个节目录制过程中，导播需要不断地与各个工种进行沟通，并发出各种指令。因此，导播需要掌握一套能够与各个工种进行顺畅沟通的术语和指令。整体而言，这些术语和指令不但要以各个工种各自的专业术语为基础，同时还要照顾到导播工作的特殊要求，从而保证整个录制工作高效、顺畅地进行。

第一节　导播工作术语与指令的性质

一、专业性与特殊性

在“导播工作概述”这一章节中我们谈到，演播室节目录制几乎囊括了当代电视制作的所有工种，而这每一个工种在电视节目制作中都具有极强的专业性，甚至每个工种都是一门专门的艺术。因此，无论是摄像还是灯光，抑或是录音，都有一套自己专门的术语。这些术语随着这些工种和艺术学科的发展而成熟，基本上在全世界范围内都达成了共识,可以说是“世界性的语言”。因此,导播工作术语与指令整体上也要遵循这些专业术语的名称和提法,不能另立山头重新开创一套自己的术语体系。从另外一个角度说,只有使用世界性的通用语言,才能保证团队整体上的顺畅沟通。

但是,导播工作自身又有着极强的特殊性。首先,导播工作无论从工作对象来说还是从摄像、剪辑这些工种来说,都具有一定的特殊性。例如,节目录制过程中,与主持人之间的沟通就是演播室节目较为独特的一项工作,因此,也催生了诸如“提示主持人”这样的导播工作独有的专业术语。从电视制作工种的特殊性上看,我们也会有诸如“摄像复位”这样的指令。所谓“摄像复位”是指导播告诉某个机位在什么时候结束“活用”回到自己的主要拍摄任务上来。因此,指令是源于导播工作中各个机位的分工与“活用”原则的。

其次,导播工作的流程与节奏也决定了导播工作需要有一些特殊的术语和指令。相比于一般性的电视节目制作,导播工作需要与被摄对象的表演保持同步,因此,整个团队的节奏都是十分紧张的,下达的很多指令往往需要在很短的时间内完成。更为关键的是,接收指令的工作人员需要在指令下达的瞬间领会指令的意思。因此,经过电视导播工作长期的实践总结,形成了一些既能准确表达工作内容又非常形象化的指令。例如,“中近景”是电视摄像工作中关于景别的一个指代术语,指的是拍摄人体腰部以上的景别范围。然而,在电视导播的工作术语和指令体系中,为了帮助导播和摄像师快速识别与领会这一景别的拍摄标准,很多导播习惯于直接用“腰镜”或“到腰”来取代“中近景”这样正规的指令。

二、通用化与个人化

在日常的电视实践中,导播所使用的术语和指令大部分都是具有标准化、专业性的通用术语。这些术语和指令之所以具有通用性,首先是因为大部分术语和指令都来源于电视节目制作各工种技艺的专业术语。因此,对于这部分术语和指令来说,通用性的意义不仅在于电视导播这一工种范围之内,更在于其可以保证电视节目多工种顺畅地相互协作。其次,电视导播术语与指令也有其自身的特殊性。经过长期实践和反复摸索,大家对这些具有特殊性质的术语与指令的指代也逐渐形成了默契、达成了共识,一些相对通俗、容易被彼此认可和理解的说法被保留了下来,并具有了通用化的特征。

但是,术语与指令的通用化并不等同于绝对的标准化。在实践中,我们也经常会听到一些极具个性色彩的指令与术语。例如,当导播认为某个机位拍摄的画面角度有点高以至于棚灯都入镜了,那么他也许会发出这样的指令:“×号机,镜头往下摇一点,灯已经穿帮了。”在这条指令中,“摇”这个词就是对镜头进行调度时较为通用的指令。但是,有的导播可能会这样说:“×号机,镜头往下扣一点,灯已经穿帮了。”注意,这条指令中导播用“扣”取代了“摇”,这就属于比较个人化的用语了。但是,由于汉字在语义上的接近性,大部分人也都能明白导播想表达的意思。所以,这样独具个性的指令也没有给整个团队的沟通交流造成障碍。

个人化术语、指令的产生往往有很多复杂的原因。个人的语言习惯、方言的差异、个人认识与理解的差别甚至是团队间的共识与默契,都会对其产生影响。一般而言,个人化的术语与指令只要不影响团队的顺畅交流,就没有必要强求整齐划一。但是,随着今天电视节目制作队伍合作性与流动性的不断加深,我们还是鼓励多使用通用化、约定俗成的术语和指令。

第二节　导播工作术语与指令的原则

在演播室节目录制过程中,导播作为整个制作团队的中枢,需要通过指令来调动和协调各个岗位的工作,从而使整个团队各个岗位之间能实现紧密和完美的配合,达到浑然一体的效果。同时,导播的指令也承担着具象化整个团队创作技术与艺术追求的责任,能否准确、清晰地传达团队智慧的成果事关节目录制水平的高低。因此,导播工作术语与指令一般需要遵循以下原则。

一、简洁性

演播室节目要求现场同步录制,这就使得整个录制工作都必须在高速、紧张的节奏中完成。例如,一些音乐类或舞蹈类节目,其内容节奏本身就很快,所有镜头的调度、画面的切换甚至包括灯光、音响和视频的调整都需要在很短的时间内完成。而这样瞬息万变的“多任务”工作模式都要靠导播的指令来统一调度、指挥。

当任务在电光火石之间接踵而至,甚至大部分时候同时下达多项任务的时候,导播是没有充足的时间去下达一条冗余、晦涩的指令的。此外,与导播一样,其他岗位的摄录人员也都处在紧张的工作节奏之中,冗长的指令不但会影响他们正常的工作程序,还会分散他们的注意力。因此,术语与指令必须要具有简洁性,也就是要简单清楚、干脆利索,让人一听就明白。所以,在西方电视节目制作行业里,有一句行话叫作 The less you have to say, the better.("你说得越少,那么效果就会越好!")

但是,简洁性到底有没有一个统一的标准呢?一般而言,电视导播在整个行业范围内已经形成了一套具有通用性的术语和指令,从某种意义上来说,这套具有通用性的术语和指令就是标准。但是,如上所述,导播术语和指令又具有一定的个性化特征。每个导播和团队可能会在指令使用上有一些自己的习惯和默契。因此,这一标准也可以有一定松动的空间,具体需要根据节目录制的实际情况和团队合作的特点而定。例如,某一时刻 2 号机正用小景别拍摄单个嘉宾,但导播需要 2 号机给出一个全景。按照标准,应当说:"2 号,全体,全景。"但如果导播这样说:"2 号,拍摄全体,拉开到全景",很明显,"拉开到"三个字是冗余的,因为正在拍摄小景别的 2 号机如果需要拍摄全景自然会把画面拉开。那"拍摄"两个字是否属于冗余呢?换句话说,如果导播说:"2 号,拍摄全体,全景"是否可以呢?实际上,如果在整个工作节奏允许的情况下,这并无太大的影响。所以,只要不从根本上影响信息传递的准确性和效率,简洁性的原则是可以灵活掌握的。

简洁性可以理解为能省略的就省略。那么,在实际工作过程中,由于整个工作程序"上下文"的存在以及团队任务分工配合的特点,我们可以灵活地对一些指令进行简化处理。如图 4-1,假设某一时刻,导播正在切出 1 号机拍摄的嘉宾 A 和嘉宾 B 的双人画面,而 2 号机此时正用胸镜拍摄嘉宾 C。然后导播需要 2 号机换镜头准备一个嘉宾 B 和嘉宾 C 的双人画面。按照标准,导播应该说:"2 号,左边两个,胸镜。"那么,这条指令中有哪些内容可以再一步地简化呢?按道理,这条指令已经

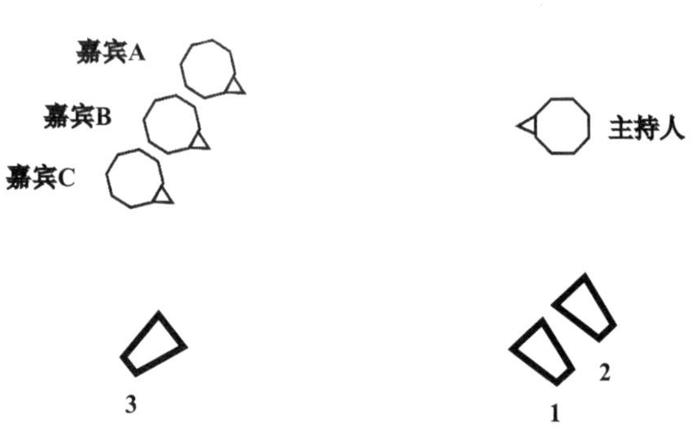

图 4-1　2 号机镜头调度示意图

非常简洁了,已经没有可再“瘦身”的空间了。但是,如果导播说:“2 号,包两个。”实际上也是可以的。为什么呢？首先,导播并没有明确告诉 2 号机拍摄左边两位嘉宾。但是,如果 2 号机是一位经验丰富的摄像师而且团队之间非常有默契的话,即使没有明确指出“左边”还是“右边”,他也应该能判断出是“左边”的两位嘉宾。因为他知道导播此时正在让 1 号机拍摄“右边”的两位嘉宾,而总共只有三位嘉宾,因此,毫无疑问应该是“左边”的。所以,“左边”这两个字可以省略。其次,导播也没有告诉他换镜头时应该用什么景别。但是,如果 2 号机主要的镜头序列是胸镜,而且导播也没有明确告诉 2 号机需要从上一个镜头的胸镜换到别的景别,那么就是默认用“胸镜”继续拍摄。所以,关于景别的指令也可以被省略。

虽然导播工作术语和指令的简洁性十分重要,但在实战中有时候给指令增加一些“无伤大雅”的“冗余”成分也是有好处的。例如,在紧张的录制过程中,导播需要不断地给切换师下达画面切换的指令,他的一串指令可能是:“切 3 号……切 2 号……切 1 号……切 3 号……”但如果我们给这串“简洁”的指令增加些“冗余”,变成“切 3 号……切 2 号……然后,切 1 号……切 3 号……”在这串新的指令中,似乎“然后”这个词是一个冗余,但是从另一个角度说它也可以起到一定的变换节奏的作用,恰似一段快节奏音符中的一个休止符,可以给切换师一定的缓冲和休息的时间,从而在一定程度上缓解其紧张的情绪。从另一角度说,“然后”这样的词也是对切换师的一个提醒,提醒他做好准备,导播马上要下达下一个具体的切换指令了。这就好比百米起跑线上裁判的一句“预备”指令一样。

二、准确性

导播工作术语与口令的简洁性实质上根本目的是为了快速而有效地传递信息。但是,在高效传递的同时还要确保信息的准确性,即要用最精练的语言清楚、完整、具体、准确地传达导播的创作意图。

要确保准确性原则首先得尽量使用通用性语言。通用性语言是世界性的语言,可以确保不同地区、不同媒体机构、不同工作团队的电视制作人员彼此之间进行顺畅、无误的沟通,从而提升节目制作的工作效率。但是,如上所述,在电视导播这一行当里并不存在绝对意义上的通用性语言,因此,团队工作成员之间积极的沟通意愿和有效的磨合方法是确保导播术语指令形成通用性的重要保障。

其次,确保准确性原则要使术语和指令完整和具体。“完整”是指指令中应当包含各工作岗位进行操作所需要知道的全部信息。例如,摄像师的每一个动作至少应当包含对象、景别、角度和运动四个主要信息;而音频导演则需要明确使用哪段音乐、使用的时间、是渐起还是渐弱等此类信息。因此,导播需要对每个岗位的工作都十分了解,这样才能清楚各个岗位的每一个操作至少应当包含哪些信息。例如,图 4-2 所示,某一时刻 1 号机正在用胸镜拍摄嘉宾 D 的单人画面,然后导播下达了“1 号,摇镜头”的指令。1 号机摄像师接到这个命令以后,根据简洁性原则他会明白导播的意思是让他继续使用胸镜来完成摇镜头的操作。由于此时他正在拍摄最右边的嘉宾,因此应该是从左往右摇。但是这条指令还缺少了一个关键信息,即四个嘉宾在一条直线上,那么,往右摇应该摇到哪一个为止呢?因此,这条指令是不完整的。实际上,信息的不完整很多时候正是由于不够具体而导致的。“1 号,摇镜头”这条指令默认是从左至右摇摄嘉宾,虽然包含了拍摄对象的信息,但还不够具体。因此,我们不但要保证指令能够面面俱到,同时还得尽量将信息具体化。在电视导播工作中,很多信息都有具体化的标准。例如,光圈的调整可以参考具体的光圈值,拍摄角度也有大致的角度值可供参考。此外,导播团队事先也可以对一些拍摄标准进行约定。例如,摇臂镜头上下左右移动的距离虽然在实战中很难按照严格的距离单位来进行操作,但是也可以寻找一些参照物进行大致的约定。如果以演播室场地的高度为参照,那么,“升三一”就可以表示将摇臂向上升高场地空间三分之一的距离。①

最后,对一些容易产生歧义的术语和指令,导播团队最好事先做好沟通和约定。例如,在电视导播工作中,最容易产生歧义的就是关于方向的信息。如果导播对嘉宾 1 下达了“向左移动”的指令,嘉宾 1 可能会产生疑问:是向自己的左手方向移动?还是向导播的左手方向移动?抑或是相对于摄像机向左移动呢?在这种情况下,团队必须要有一个事先的约定。否则,导播就必须将信息进一步具体化,可以说:“嘉宾 1,向自己的左手方向移动一步的距离。”

---

① 黎炯宗.电视现场实况转播[M].北京:中国广播电视出版社,2012:216.

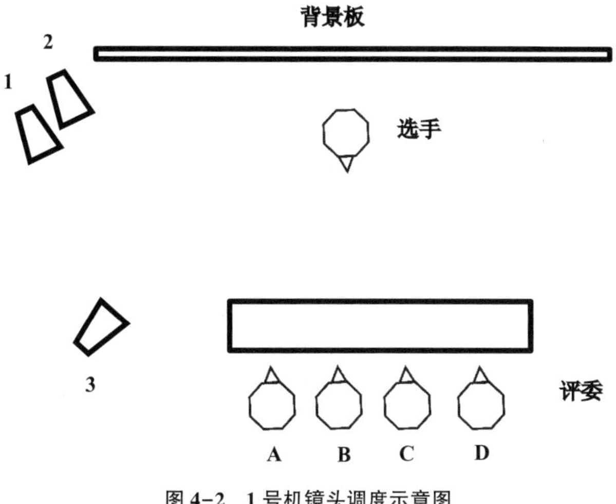

图 4-2　1 号机镜头调度示意图

三、逻辑性

电视导播工作术语与指令的完整性要求在一条指令中包含多方面的信息，因此，导播发出指令时就需要注意信息的逻辑性，信息排列的先后顺序非常重要。整体而言，导播工作术语与指令的逻辑性可以从微观和宏观两个层面来进行讨论。

从微观层面来看，每一个岗位进行操作时都有一个最合理的逻辑，这个逻辑决定的先后顺序就应该是导播指令下达的顺序。以摄像工作为例，导播在指令中必须先叫出机位号，这样摄像团队中的各机位才知道下一个镜头应该由谁来进行准备和操作。接下来，准备领取任务的摄像师最想知道的就是关于拍摄对象的信息，因为在同步录制中“拍什么”远比“怎么拍”要重要得多。再接下来，由于具体的拍摄动作牵涉景别、角度和运动三个维度，具体的逻辑顺序也有讲究。一般而言，在景别、角度和运动三者的先后顺序上，应当是运动>角度>景别。这一排序的逻辑基础实际上是针对机位和镜头的操作幅度而言的，因为操作幅度的大小直接影响到镜头变换后的整体效果。例如，如果导播在某一时刻需要某个机位离开原位置进行“活用”，并同时调整景别和角度。那么，摄像师应该先把机器移动到新的位置后才能重新调整景别和角度。而即使在机位不变的情况下，很多时候景别和角度的变化也是由镜头的运动来完成的。例如，摄像机从平视的拍摄角度调整到俯视的拍摄角度，这一角度的变化实质上是由摄像机的镜头轴线的运动来实现的。

此外,如果导播觉得某一机位的景别过于宽松,那么接下来摄像师就需要通过推镜头或者前移镜头来调整。所以,很多对景别进行调整的指令都省略了摄像机镜头和机位运动的部分。例如,某一时刻导播需要1号机由大景别变换至小景别,那么指令可能就简化成"1号嘉宾1,近景"。但更完整的指令也可以是:"1号,嘉宾1,推上去给近景。"当然,很多时候景别、角度和运动的调整同摄像师的操作是同步完成的。但是,导播下达指令时还是要养成良好的习惯,注意一定的逻辑顺序。这对一些年轻摄像师技能的培养和经验的增长来说十分重要。

从宏观层面看,电视演播室节目录制是一项需要多工种相互配合、共同完成的工作,根据电视节目创作的规律和要求,各个工种在相互配合时也有一个逻辑上的先后顺序。因此,导播在调动各个岗位时也应当注意发出的指令的逻辑性。这一宏观逻辑性的决定因素可以从以下两个方面来进行考虑:首先要考虑的是电视声画语言的一般性创作规律。例如,如果我们要在片头做一个声画淡入效果,根据一般的声画处理原则,我们会让声音先于画面进入。相应地,导播在下达指令的时候,应当先调动音频导演,然后才是切换师。那么,结果自然就是声音先响起,然后画面再淡入。其次,演播室节目录制工种在相互配合上也有一定的特殊性,这也会对宏观层面的指令逻辑性产生影响。演播室节目录制过程中各个工种之间的操作信息并不是完全互通和透明的,一些配合上的小"失误"也有可能对最终的声画呈现效果产生影响。以演员的声画调度为例,由于演员很难精确掌握镜头切出的时间,导播或现场导演必须提前给个提示,让演员做好准备,然后画面再切出。于是,当演员听到"准备"指令后,会先调整好自己的状态,然后等到拍摄自己的摄像机的切出灯亮起时再开始讲话。所以,根据这一逻辑,指令应当是:"提示、切入。"如果这一组指令的顺序反过来的话,结果可能就是画面切到演员的时候,演员还在低头准备台词。

但是,如果画面准备用叠入而不是切入的话,情况有可能会变得更复杂一点。假设我们还是先提示演员然后再进行画面叠入的操作,可能出现的一种情况是演员一看到提示灯亮起就开始说话,而此时叠入的动作还没有全部完成。因为与切入相比,叠入的完成是需要一定时间的。很显然,这也不是一个理想的结果。一个可行的解决办法就是给演员两次提示。第一次提示让演员做好开始录制的准备,第二次提示是在叠入这一动作行将结束时告诉演员开始说话。于是,我们的指令就可以是:“提示(动作)、叠入、提示(声音)”。

实际上,演员的声画调度还牵涉音频导演的工作,因为音频导演必须在演员开始讲话之前让话筒处于开启状态。一般情况下,为了避免演员开始说话时话筒还没有处于开启状态,我们总要先对音频导演进行调度。所以,指令应当是:“开话筒、提示、切入。”

四、稳定性

电视导播工作的术语与指令需要具有简洁性和准确性。但是,这两个原则在实际工作中都有一定的灵活性,具体的标准可以由不同的导播工作团队根据实际情况自己把握。例如,对于景别的指令,可能有的团队比较习惯于用传统的术语来指代,比如中近景;而有的团队则可能倾向于使用“腰镜”来指代中近景。这两套体系在实战中都是可以的,因为它们都准确地对景别进行了描述,但有一个前提是必须保持稳定性,即如果一开始使用中近景,就应当从头至尾一直使用这一体系。如果中近景和“腰镜”随意交替使用,就可能使摄像师对指令的理解产生偏差。

同样的道理,有的导播团队在长期的配合过程中,对于一些指令的“格式”也达成了默契。例如,导播向切换师下达切换指令的时候可以说:“3 号……切。”也就是说,导播每次都先叫机号,让切换师提前做好准备,然后下达“切”的指令时,切换师随即进行切换操作。还有一些团队在实战中对这一格式进行了简化处理,把准备动作和切换动作合二为一,每次只叫机号而省略了“切”这个命令。于是,当导播叫到“3 号”的时候,切换师要立即将画面切换到 3 号机。这一指令格式往往适合于快节奏的节目内容,而且都需要导播和切换师具备丰富的经验。无论是哪种指令格式,导播在整个工作流程中都应该保持此种格式的稳定性。如果一开始一直采用“机号+切”的指令格式,而在某一次画面切换中,突然省略了“切”这个字,那么,有可能切换师在做好准备后一直等待导播说出“切”这个字,从而错过了正确的切换时机。

第三节　常用通用术语与指令

一、摄像术语

（一）景别术语

序号	指令	释义与备注
1	大远景	表示用大远景进行拍摄。
2	远景	表示用远景进行拍摄。
3	全景	表示用全景进行拍摄，或者叫“全身镜”。
4	中景	表示用中景进行拍摄，或者叫“膝镜”。
5	中近景	表示用中近景进行拍摄，或者叫“腰镜”。
6	近景	表示用近景进行拍摄，或者叫“胸镜”。
7	特写	表示用特写进行拍摄，或者叫“肩镜”。
8	大特写	表示用大特写进行拍摄。
9	双人镜	表示将两位演员纳入画面，但导播同时需要指出所使用的景别的拍摄方法。如果三位以上的演员一字排开，还需要指出是哪两位演员，如“双人左”指的是拍摄位于最左边的两位演员。一般情况下，导播先指出拍摄对象，再指出景别。
10	三人镜	表示将三位演员纳入画面，但导播同时需要指出所使用的景别的拍摄方法。如果三位以上的演员一字排开，还需要指出是哪三位演员。
11	全体镜	表示将所有演员纳入画面，但导播同时需要指出所使用的景别的拍摄方法。
12	过肩镜	表示用过肩镜头进行拍摄。一般情况下，导播还需明确指出使用什么景别、过哪位演员的肩、拍摄哪位演员。

（二）角度术语

序号	指令	释义与备注
1	俯拍	表示用俯角度进行拍摄。
2	仰拍	表示用仰角度进行拍摄。

(三)运动术语

序号	指令	释义与备注
1	推	表示用推镜头进行拍摄。很多时候使用推镜头是因为构图稍显宽松,此时,导播也可以说“推一点”或“紧一点”。在音乐类节目中,常会用“急推”镜头来增强画面的冲击力。
2	拉	表示用拉镜头进行拍摄。很多时候使用拉镜头是因为构图稍显紧凑,此时,导播也可以说“拉一点”或“松一点”。在音乐类节目中,常用“急拉”镜头来增强画面的冲击力。
3	摇	表示用摇镜头进行拍摄。导播需要明确指出镜头摇动的方向(上、下、左、右)以及起幅和落幅。如果从当前位置开始摇,导播可以说:“×号机,向右摇到××演员。”如果是画面的构图存在问题,导播可以说“×号机,向上摇一点。”
4	移	表示用移镜头进行拍摄。移镜头的方向可以是前、后、左、右,因此导播需要明确指出方向。如果机位的移动是靠轨道来完成的,那么就会有一个相对固定的方向。因此,导播有的时候就可以省略方向的指示。例如,当机位正位于走向为从左至右的轨道的左侧顶端时,导播只需要说“×号,移一下”或者“×号,动一下”,摄像师就知道该如何操作了。对画面构图的调整也可以通过机位的移动来完成,但一般在录制开始后,相对还是使用“推镜头”或者是“拉镜头”更多一点。也有摄像师在导播发出让画面“紧”一点的指令后,习惯于结合“推”和“移”来调整构图。因此,导播和摄像团队最好事先进行沟通和约定。
5	升	表示用升镜头进行拍摄。升镜头的拍摄多由摇臂和遥控机位来完成,而且往往属于镜头综合运动的一部分。因此,很多时候并不存在纯粹的升镜头,也不需要对镜头上升的具体参数做出规定。
6	降	表示用降镜头进行拍摄。降镜头的拍摄多由摇臂和遥控机位来完成,而且往往属于镜头综合运动的一部分。因此,很多时候并不存在纯粹的降镜头,也不需要对镜头下降的具体参数做出规定。
7	跟	表示用跟镜头进行拍摄。多指用斯坦尼康或是摇臂进行跟拍操作。固定机位也会对拍摄对象进行“跟摇”,此时,导播也可以说:“×号,跟住××。”

(四)其他术语

序号	指令	释义与备注
1	构图	提示摄像师对构图进行调整,往往用于画面构图出现明显问题的时候。例如,演员头上留白不够,这时候使用这个指令就需要摄像师自己发现问题并进行调整。
2	留白	提示摄像师演员天头留白过多或不够。
3	留地	提示摄像师演员脚下留地过多或不够。
4	焦点	提示摄像师焦点不准。
5	收光圈	提示视频师曝光过度,需要缩小光圈。
6	开光圈	提示视频师曝光不足,需要放大光圈。
7	保持	提示某个机位保持当前拍摄的画面。
8	换镜头	提示某个机位主动去改变当前的拍摄参数。该指令具有较强的开放性,摄像师可以自行调整景别或角度等。
9	复位	提示某个机位回到上一个镜头的拍摄状态。
10	虚焦	提示某个机位拍摄虚焦画面。
11	×号准备	提示准备切入×号摄像机的画面。大部分情况下会提前一个镜头提示摄像师,并明确指出镜头该如何调度,例如,“3 号,准备主持人近景”。一些关键的或是设计较为复杂的画面需要提前几个镜头提示,并且最好反复提示,例如,“×号,准备跟拍嘉宾 A”。

二、切换术语

序号	指令	释义与备注
1	切×号	提示切换师和摄像师将要切换×号机的画面。
2	叠×号	提示准备叠入×号摄像机的画面。一般都会下达准备口令,比如要叠入×号机的画面,可以提前说:“×号准备叠入。”
3	划入×号	提示准备划入×号摄像机的画面。一般都会下达准备口令,比如要划入×号机的画面,可以提前说:“×号准备划入。”
4	淡入×号	提示准备淡入×号摄像机的画面。一般都会下达准备口令,比如要淡入×号机的画面,可以提前说:“×号准备淡入。”
5	×号淡出	提示准备从×号摄像机的画面淡出。一般都会下达准备口令,比如要从×号机的画面淡出,可以提前说:“黑场准备,×号准备淡出”。
6	视频准备	提示插播师准备视频。

三、音响术语

序号	指令	释义与备注
1	试话筒	表示让演员、摄像师、现场导演等调试话筒。
2	音乐/效准备	表示准备播放音乐或音效。
3	放音乐/效	表示开始放音乐或音效。一般还需要明确指出需要音乐或音效的细节,比如哪一段音乐等。
4	开声音	表示音乐或音效的音量需要调高。
5	收声音	表示音乐或音效的音量需要降低。
6	音乐渐起	表示音乐淡入。
7	音乐渐消	表示音乐淡出。
8	音乐衬底	表示用音乐衬底。
9	关音乐/效	表示关闭音乐或音效。
10	×号话筒声音	表示×号话筒声音需要调整。
11	×声道	表示×号声道需要调整。
12	还有×句进间奏	提示还有×句歌词进入间奏。类似的指令主要是提醒切换师和摄像师音乐的节奏和时间。

四、其他术语

序号	指令	释义与备注
1	提示主持人/演员	表示让现场导演等提示主持人与演员时间掌控、动作表演等方面的问题。
2	主持人,准备××	提示主持人准备事先约定好的内容,比如结束语等。
	××,面光	提示灯光师对××的面光进行调整。
2	全场停	表示让所有岗位停止,可能是录制过程中出现错误,也可能是全部录制工作结束。
3	从××重新开始	表示因为各种原因录制需要重新开始。一般而言,不需要从节目的开头重新来过。如果是语言类节目,可以从某个问题甚至是主持人或嘉宾的某一句话重新开始。
4	离开播还有×分钟	提示全场离录制开始还有×分钟,一般多用在直播节目中。
5	××准备	在开播前,需要提醒各个岗位准备开始并确认一切准备就绪。例如,“1号机,准备”。
6	现场安静,准备开始	提示全场安静,准备开始。
7	倒计时	开始倒计时 5、4、3……

思考题：

1.导播工作术语和指令有哪些原则？

2.如何理解导播指令的准确性原则？

3.如何根据节目录制的节奏来灵活掌握导播指令的简洁性原则？

第五章　演播室技术与操作

本章要点：

演播室的构造

切换台的操作

如果说前面几章的主体内容是关于演播室节目制作的艺术，那么本章将把话题转向有关演播室节目制作的技术层面。必须得承认，演播室技术所涉及的内容很广，而且具有很强的专业性。但是，在现实层面上，对于非广播电视工程与技术及其相关专业的学生而言，对技术原理和操作的了解实际上并不需要过于深入。但是，如果不具备相关技术专业背景，对于演播室设备的深入了解和操作也会相对困难。因此，简单了解演播室的基本构造和功能区域，快速掌握最基本和最常用的与导播工作相关的操作技术，对于大部分学习广播电视新闻专业的学生来说更为实际和实用。因此，这两方面内容是本章的重点。

在具体的节目录制和与导播相关的操作层面，本章所涉及知识的范围和深浅在一定程度上结合了学生在专业课程学习中的需求和诉求。希望学生通过对本章内容的学习，能够迅速并且简洁明了地掌握相关操作技术。

第一节 演播室的分类与功能区

一、演播室的分类

一般而言，我们通常根据演播室的大小、信号设备、信号质量和布景方式来进行如下划分：

（一）以演播室的大小或面积划分

（1）小型演播室：面积小于250平方米，适合人物较少、场景简单的新闻类、评论类节目的演播室。

（2）中型演播室：面积介于250平方米和400平方米之间，适合制作带少量观众的访谈类节目等的演播室。

（3）大型演播室：面积超过400平方米，适合小型综艺或互动节目，可以容纳更多的场景和观众的演播室。

（4）超大型演播室：面积在800平方米以上，适合大型综艺节目、真人秀节目或各种典礼等的演播室。

（二）以演播室系统设备划分

（1）模拟信号演播室：信号传输使用模拟的电信号、信号传输质量不高、容易相互干扰、节目清晰度差的演播室。

（2）数字演播室：信号传输使用数字信号、节目信号传输质量好、信号损失小、节目清晰度高的演播室。

（三）以演播室信号质量划分

（1）标清演播室：使用画幅比为4∶3、分辨率为720*576的扫描格式，清晰度一般的演播室。

（2）高清演播室：使用画幅比为16∶9、分辨率为1920*1080的扫描格式，清晰度高的演播室。目前我国新建的演播室多为高清演播室。随着电视技术的发展，画幅比为16：9、分辨率为3840＊2160扫描格式的超高清4K演播室也在逐步应用中。

(四)以演播室布景方式划分

(1)实景演播室：将现场人工搭建的实景作为景片，所用的道具或布景都是真实可见的，所用的材料主要是金属、木材、塑料、LED灯具、大屏幕等。这类演播室视觉效果直观，光影效果真实可信，摄像机拍摄画面经切换台输出之后即为最终画面(图5-1)。

图5-1　实景演播室

(2)虚拟演播室：区别于实景演播室，虚拟演播室的现场布景由蓝色背景取代。通过蓝箱抠像技术将摄像机拍摄完成的画面进行色键抠像，再和计算机图形工作站生成的背景合成完整的演播室场景。虚拟演播室的优点是时空环境灵活多样，免去了实景演播室布景、拆景和复景的复杂过程，缺点是光影效果不像实景演播室那样所见即所得，并且如果设备水平和制作技术不过关的话，场景效果会不够真实和细腻(图5-2)。

图5-2　虚拟演播室效果图

二、演播室的功能区域

电视演播室一般分为两个区域，即演播区和节目制作控制区。演播区就是节目录制现场，也就是我们通常所说的“录影棚”。演播区一般都经过隔吸音处理，顶部为灯光设备，地面上则放置有节目景片、道具、观众席、摄像机、话筒、音箱、提词器、现场导演监视器等。在演播区里，主持人、嘉宾、演员、观众负责“表演”节目，讯道摄像师负责拍摄，而现场导演则负责沟通现场与导播。

以中国传媒大学新闻传播学部电视学院演播中心200平方米高清演播室为

例，该演播室演播区的面积为160平方米（10米×16米）（图5-3）。演播区内的主要设备包括四讯道SONY HDC-1580高清摄像机、奥视LMD9014-V现场导演监视器、场地音箱、可升降灯光标杆26台（包括2000W聚光灯54台、三基色柔光排灯12台）等。

节目制作控制区是对节目进行现场导演、编辑和录制的控制中心，一般分三个部分：灯光控制区、视频控制区和音频控制区（如图5-4）。

图5-3 200平方米高清演播室

图5-4 节目制作控制区

图5-5 灯光控制区

灯光控制区是灯光师的工作区域，主要设备为调光台（图5-5）。灯光师根据节目要求事先布置灯光，编好灯光变化程序，并根据节目内容的演进变化随时调整灯光强弱，为节目提供最佳的灯光效果。

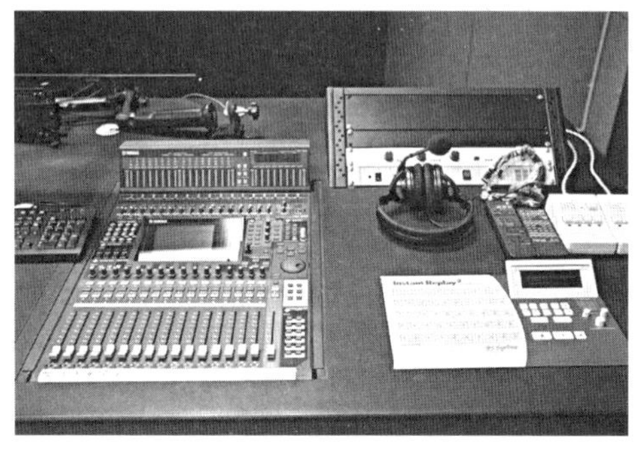

图5-6 音频控制区

音频控制区是录音师对声音录制进行调节和控制的区域（图5-6）。主要设备有调音台、各种声源（话筒、CD、音效器等）。其中，调音台是调音控制台的简称，是演播室音频系统中的核心控制设备，各种音频信号的收集、处理及分配工作都是通过调音台来完成的。调音台把各种声源信号加以放大、混合，并对信号进行各种调节，最后把信号传送到功放放大监听、扩声或把信号记录到录音媒体上。在节目录制过程中，录音师要全程监听和调节声音拾取的高低与质量,并对各路声音进行混合或是其他更专业的处理。通常来说,这一过程分为三个环节:节目录制前的准备环节、节目录制中的控制环节和节目录制后的整理环节。作为导播,在节目录制时,应保持精神高度集中,时刻控制每一路输入通路推子,使每一路的录音电平始终保持在合适的范围内;在节目录制结束后,拉下所有的输入通路推子和 STEREO 立体声推子,将所有的 GAIN 旋钮旋至最小值,取回录制过程中使用到的所有话筒和音频线;若使用无线话筒,还需关闭无线接收机和发射机。

视频控制区是对图像信号进行控制的区域(图 5-7)。该区域在节目制作控制区中占据了较大空间,主要设备有电视墙、摄像机远程控制单元、切换台、在线包装机、录像机、非线性编辑机等。视频技术人员控制摄像机控制单元,根据节目需要调整摄像机的光圈、电子快门等,以期达到最佳画面效果;调机导播则根据节目台本流程要求,通过通话系统调整摄像机机位,提出拍摄对象、拍摄景别和角度等要求;切换导播在切换台上选择最佳画面信号和相应的画面组接方式并切出;字幕导播通过在线包装或字幕机,为节目画面及时配上动静态图像和字幕;录像师利用录像机、非线性编辑机等设备,播放预先制作或录制好的视频短片,并及时提示节目进度时长和视音频信号质量,同时还需要负责录入最终的视频和音频信号;视频系统技术人员主要保证演播室所有信号线路和设备安全可靠,负责解决系统技术问题,为整个演播室的节目制作提供保障。

图 5-7　视频控制区

第二节　演播室的系统构成

演播室系统的构建主要是基于上述功能区域而建立的,主要分为以下几个部分:视频系统、音频系统、灯光系统、通话系统、TALLY 系统等。各个系统在节目录制中既各司其职又相互配合,共同完成节目制作。

一、视频系统

演播室视频系统一般由摄像机、视频切换台、在线包装图文字幕机、录像机、信号转换分配卡、技术监测系统等构成。摄像机是电视信号产生和传送的第一个环节,其性能直接影响整个演播室系统的技术指标和录制的电视节目质量。

图 5-8　演播室摄像机

演播室摄像机通常由摄像机头、摄像机控制基站单元(CCU)、光圈操作控制面板(OCP)组成(图 5-8)。其性能指标是指信噪比、灵敏度、分解力等。摄像师通过操控摄像机头及时捕捉节目画面,视频技术人员通过监视器和视频示波器及时调整光圈操作控制面板,以获得最佳画面效果(图 5-8A)。随着高清摄影技术的逐渐普及,现在拥有更高像素传感器(4K 或 6K)的各种数字摄像机也开始应用于演播室节目制作(图 5-9,ARRI AMIRA 摄像机)。

图 5-8A　正在拍摄的摄像师

图 5-9　ARRI AMIRA 摄像机

视频切换台是演播室中的核心设备(图 5-10,SONY DFS-900M 多制式数字切换台)。切换台主要由主机箱和控制面板组成,两者之间目前一般由局域网进行连接。切换台的最主要功能是对视频信号进行选择、组合和切出。

图 5-10　SONY DFS-900M 切换台

这些视频信号来自摄像机、放像机以及其他图文设备。在对视频信号进行选择后,切换台自带的特技模块还可以产生二维、三维划像、键控等不同的特技效果,为视频信号的组合提供丰富的形式。一些切换台包含的在线包装字幕设备还可以制作形式各异的图文信息,包括字幕、唱词、图片、图形等。这些图文信息可以对节目进行实时的简单包装,从而大大简化节目制作流程。

录像机是演播室节目制作视频信号的记录设备。目前常见的录像机类型有磁带录像机、硬盘录像机、卡式录像机等(图 5-11,SONY HDW-2000P 高清数字录像机;图 5-12,SONY HDW-2000P 高清数字录像机接口面板)。随着电视制作技术的不断更新换代,现在大部分的演播室节目制作都已经开始使用非线性编辑设备来采集、录制节目视频信号了。演播室视频系统外围相关设备主要包括模拟复合与数字串行信号转换器、高标清信号上下变换器、数字帧同步机、信号分配器、视频跳线板、视频电缆和连接器等。

图 5-11　SONY HDW-2000P 高清数字录像机

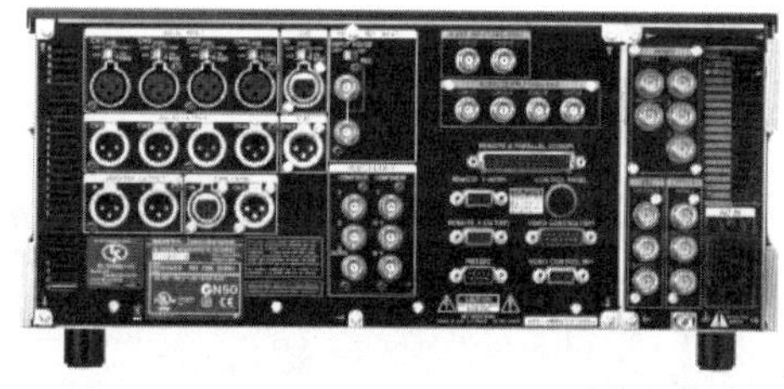

图 5-12　SONY HDW-2000P 高清数字录像机接口面板

二、音频系统

演播室音频系统主要由调音台、无线话筒、有线话筒、CD、卡式磁带录音机、功放扩音器、场地音箱、电话耦合器及各种效果器组成。

仍以中国传媒大学新闻传播学部电视学院演播中心 200 平方米高清演播室为例，该演播室音频系统的核心设备为雅马哈(YAMAHA)ADM-100 数字调音台(图 5-13)。该调音台带有 16 组麦克风/线路输入和 4 组线路输入；12 个 OMNIL 输出可指定为立体声输出、总线输出、监控输出以及输出通道直接输出，可进行真 24-bit/94kHz 的数字音频处理，还可以进行 48 通道同时混音，能够满足一般谈话类节目和小型综艺节目的音频录制。此外，目前市面上的调音台多种多样，虽然它们的基本功能大致相同，但是由于所采用的技术和用途不同，彼此之间也存在一定的差异，从而有多种类型的调音台。目前，调音台的分类方法很多，比如按电路结构方式可分为模拟电路的模拟调音台和数字电路的数字调音台；按输出声道数目可分为单声道调音台、双声道立体声调音台、四声道立体声调音台和多声道调音台等。

图 5-13　YAMAHA ADM-100 数字调音台

该演播室的放音设备主要为 TASCAM CD-A500 卡座激光唱机(图 5-14)。该激光唱机性能卓越，带有别具特色的 CD 同步功能，可实现 CD 到卡带复制的一键操作，非常简单便捷，而且音频质量高保真，能很好地用于演播室节目录制中的音频播放。在录音设备方面，主要配有四路无线胸麦(图 5-15)、四路无线手持话筒(图 5-16)以及两路有线桌麦(图 5-17)等收音设备。而在功放扩音器方面配备的则是 CROWN XTi 系列功放(图 5-18)以及 OHM RW-6 场地音箱(图 5-19)。

图 5-14　TASCAM CD-A500 卡座激光唱机

图 5-15　无线胸麦

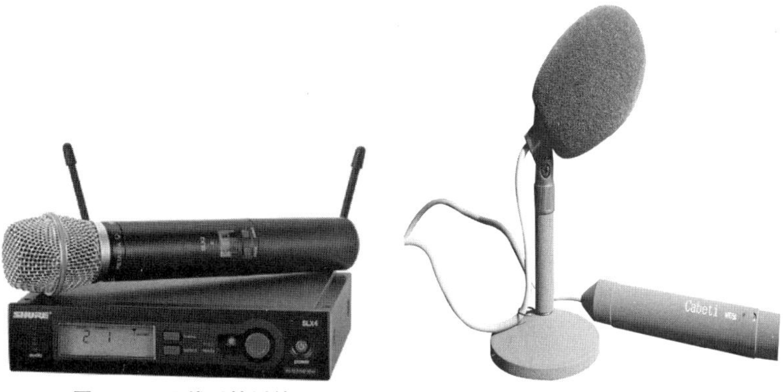

图 5-16　无线手持话筒　　　　图 5-17　有线桌麦

图 5-18　CROWN XTi 系列功放

图 5-19　OHM RW-6 音箱

三、灯光系统

演播室灯光系统主要由灯光吊挂系统、灯光布线系统、灯具、调光台、可控硅箱等组成。灯光吊挂系统是用来悬挂灯具或其他灯光设备的装备，它包括固定或升降式组合吊杆、支撑式挂架及临时性功能吊杆架等(图 5-20)。中国传媒大学 200 平方米演播室灯光吊挂

图 5-20　灯光吊挂系统

系统有可升降灯光标杆 26 台,包括 2000W 聚光灯 54 台(图 5-21)、三基色柔光排灯 12 台(图 5-22)。调光台使用的是 CEE CP-500 数字调光台(图 5-23)。该调光台可以最大处理 500 个光路,拥有 36 个集控杆、4 个效果启动器,可以产生 500 个场景和 99 个效果光。

图 5-21　聚光灯

图 5-22　三基色排灯

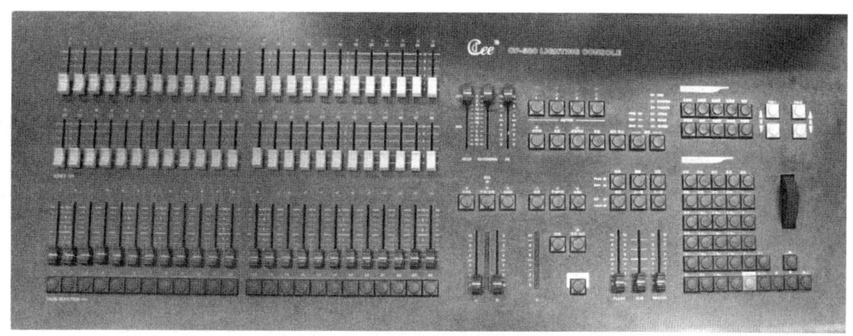

图 5-23　CEE CP-500 数字调光台

四、通话系统

通话系统是在节目录制过程中为节目制作人员相互之间提供通话联系的相关设备。在节目录制过程中需要通话的有导播、摄像师、主持人、现场导演以及视频、灯光、音频和字幕等人员。在这些通话关系中，最主要的关系实际发生在演播区和节目控制区之间。一般而言，在节目录制准备期内，这种通话是双向的。节目控制区内的导播、音频师、灯光师要通过通话系统与演播区内的摄像师、现场导演和演员进行沟通，从而将照明、演员场面调度、摄像机的位置和角度等调整到最佳状态。而在节目的同步录制过程中，演播区和节目控制区之间的沟通基本是单向的，主要是导播对摄像师、现场导演以及主持人下达指令。

通话系统的设备主要由通话基站、通话分站、CCU 接口板、无线对话基站、有线耳麦、无线对话分站、无线接收耳机等组成。该系统与节目音频系统分离，不会干扰节目音频录制。通话基站不但可以实现导播与现场导演、摄像师和主持人之间声音的双向传递，而且还可以自由开启与关闭和摄像讯道之间的通话(图 5-24)。

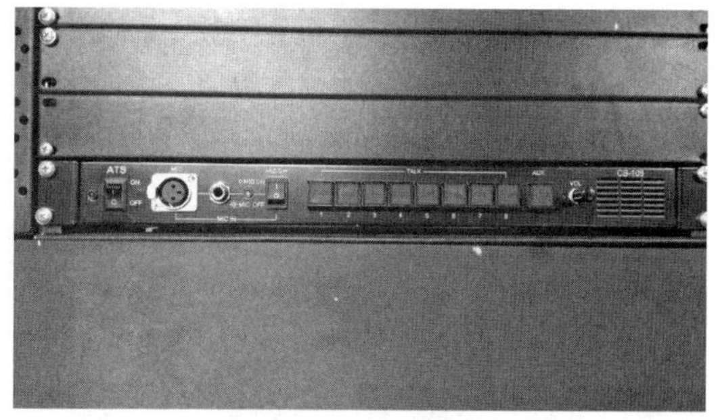

图 5-24　通话基站

五、TALLY 系统

在电视演播室里，TALLY 系统起着非常重要的作用（图 5-25）。它通常以字符或指示灯的形式出现在摄像机头、摄像机寻像器、电视墙等系统节点上，分别给主持人、摄像师和演播室制作人员以提示，告之当前视频切换台所切出的播出和视频信号是什么。它通过视觉提示来协调各个岗位的工作人员，及时了解节目的进展状态。

图 5-25 TALLY 控制器

在节目同步录制过程中，当导播选择切出某一路摄像机信号时，该摄像机的 TALLY 红灯就会点亮。于是，该摄像机的摄像师就知道导播此时正在使用自己拍摄的画面了。因此，摄像师此时不应再随意调整摄像机的拍摄参数，而是应当根据当前导播下达的指令准确无误地完成摄像动作。当然，也有一种情况是导播在使用某一路摄像信号时并没有下达明确的指令。那么，在 TALLY 指示灯亮起时，摄像师就应当保持当前的拍摄状态。也就是说，在 TALLY 灯亮起前的拍摄状态正是导播默认的状态。

除了摄像师外，当摄像机 TALLY 灯点亮时，舞台上的演员或是主持人也可以得到提示，知晓此时是哪台摄像机拍摄的画面正在被录制或播出。因此，演员和主持人也可以根据摄像机的方位调整自己的表演位置、体态、眼神等，以期得到最佳的展示画面和角度。

在节目控制区里，当某一路信号被切出时，TALLY 信号也会同时呈现在对应的监视器上。这时，导播、视频、字幕等工作人员就可以从监视器墙上辨别出是哪一路信号正在被使用，从而根据各自岗位工作的要求进行相应的调整或是提供放像、字幕等信号。

第三节　演播室的信号流程

图 5-26 显示的是演播室视频系统简单的流程图。从图中我们可以看出，摄像机、录像机、在线包装(HD Online Editor)、硬盘服务器、VGA 转换器等产生的视频信号可以直接输入切换台。此外，这些视频信号还对应着不同的监视器。导播工作人员通过监视器对这些信号进行监看，然后通过切换台上对应的按键进行选择和组合。在选择画面信号的同时，字幕导播等还可以通过换台的下游键将字幕、图标等叠加在画面上，最终一起输出到录像机或硬盘服务器等录制设备上。这一信号流程的巧妙之处在于，录像机、硬盘服务器等设备既可以作为放像设备，也可以作为录像设备。

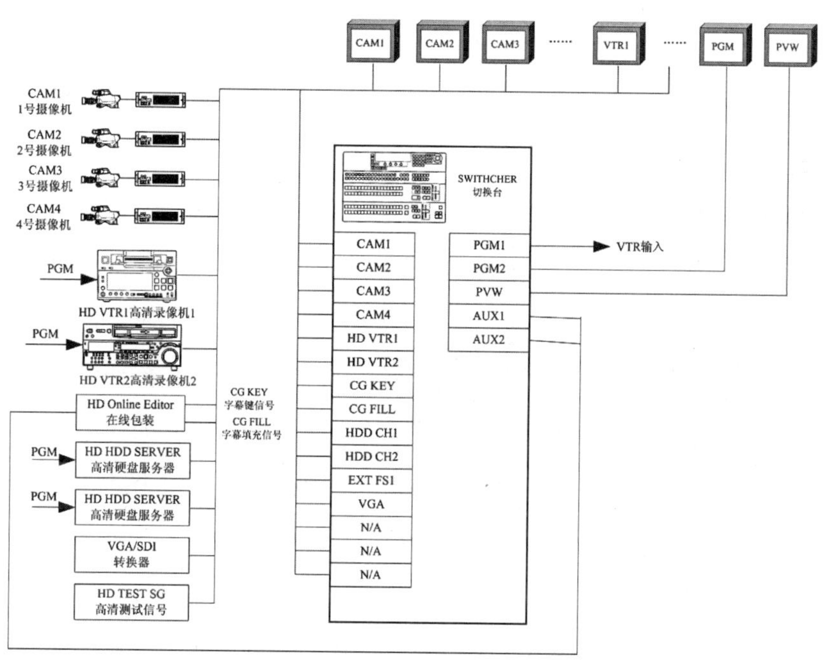

图 5-26　演播室视频信号流程图

第四节　演播室设备操作

一、切换台基本操作

切换台是演播室视频系统的核心设备，也是整个演播室视频信号系统的中枢。切换台的核心作用是对视频信号进行选择、组合和输出。这些视频信号可以是摄像机现场拍摄的画面、录像机播放的视频短片、在线包装系统产生的各种字幕和图形，也可以是演播室外新闻现场传回来的直播画面信号。切换台不仅可以对这些信号进行选择，而且还可以规定这些信号之间的切换组合方式，例如硬切、叠画、划像、淡入、淡出等。此外，切换台自身还具有一些简单的画面特技功能，生成多种特殊的画面效果，从而创造出一个独特的视觉空间。如图 5-10 所示，画面中位于左边的机箱是该型切换台的主机，位于图右的是操作面板以及监视器。监视器一般是用来直观地显示操作设置的，但并不是标配设备。切换台的设置菜单也可以在面板的液晶显示屏上进行显示，通过它可进行简单的操作设置。

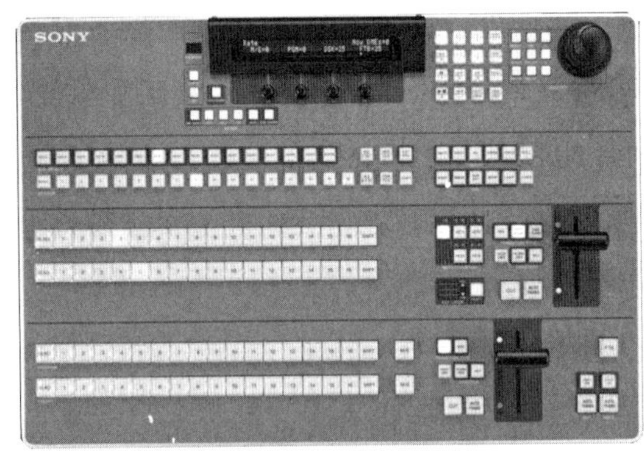

图 5-27　SONY BKDF-902 切换台面板

切换台看上去可能是整个演播室中最复杂的设备，因为在面积并不大的一块面板上布满了上百个按钮、开关和控制键（图 5-27）。实际上，切换台的操作并没有那么复杂。首先，切换台虽然按键多、开关多，但很多按键实现的都是一个功能。也就是说，如果我们按功能来操作切换台，会发现切换台并没有那么复杂。其次，电视节目制作使用的切换台大部分都具有相同的功能，而且操作程序和原理也基本一致。因此，一旦了解了切换台的功能和实现原理，就可以非常容易地学会使用任何一种切换台，无论它看上去有多么复杂。

下面我们以 SONY DFS-900M 多制式数字切换台为例来讲解切换台的基本操作，所用操作面板型号是 BKDF-902。

（一）画面基本切换与特效

图 5-28 显示的是 BKDF-902 操作面板各功能操作区。通过对相应功能区域进行设置操作即可切换出流畅连续、复杂多变的节目画面。可以看到，该型号控制面板主要有 9 个功能操作区，分别是：

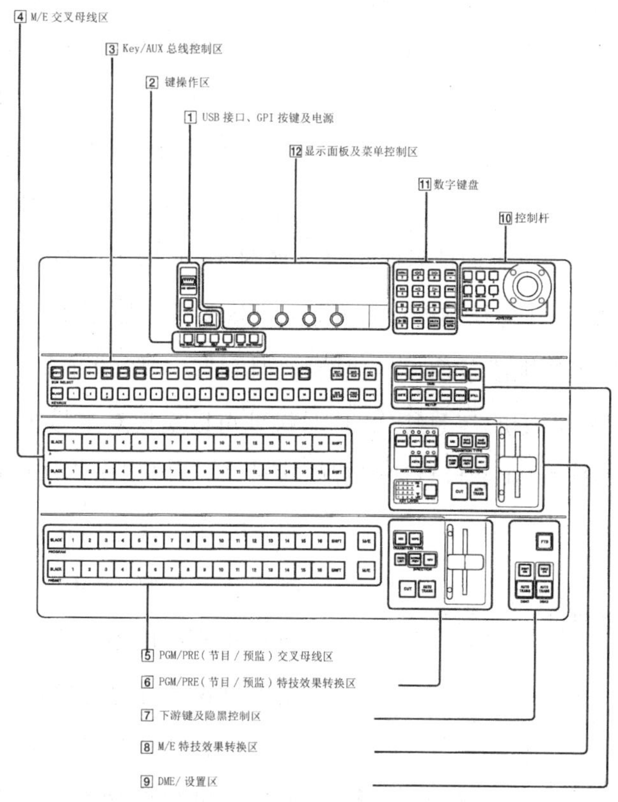

图 5-28　BKDF-902 切换台功能操作区

- 键操作区
- Key/AUX 总线控制区
- M/E 交叉母线区
- PGM/PRE（节目/预监）交叉母线区
- PGM/PRE（节目/预监）特技效果转换区
- 下游键及隐黑控制区

- M/E 特技效果转换区
- DME/设置区
- 显示面板及菜单控制区

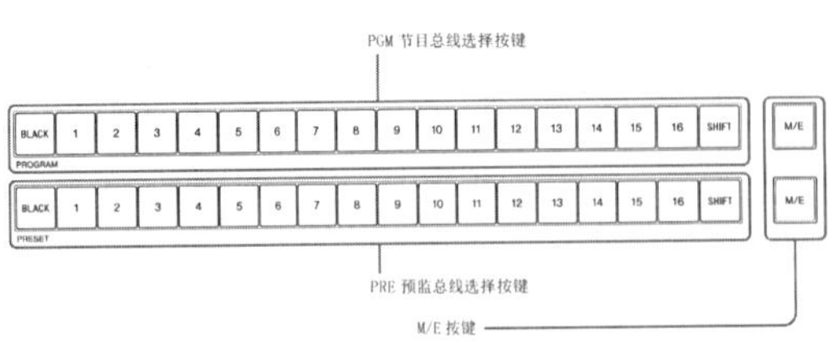

图 5-29　PGM/PRE(节目/预监)交叉母线区

上述这些功能区分别负责实现不同的功能要求。但在大部分节目制作中,我们常用的不过是其中的几个区而已。这其中,最常用的就是 PGM/PRE(节目/预监)交叉母线区。这一功能区主要是实现对播出画面信号和预览画面信号的选择。如图 5-29 所示,在这一功能区里,上面一排按键是 PGM 节目总线按键。最左边的 Black 键一般用来生成黑场。数字按键则分别对应由摄像机或录像机生成的画面信号。一般情况下,通过设置我们让“1”号键对应 1 号摄像机,于是按切“1”号键就可以实现对 1 号机画面的切出和录制。如果连续按切 PGM 节目总线部分的按键,则可以切出连续画面,画面之间的连接方式就是所谓的“硬切”,无任何特技。右侧的 M/E 按键为由 M/E 交叉母线区生成的信号,“M/E”在视频制作领域指的就是“特技”。其中字母“M”表示“MIX”,即“混合”的意思,典型的效果如划像等;而字母“E”表示“EFFECT”,即“效果”的意思,典型的效果如卷页、变形等。

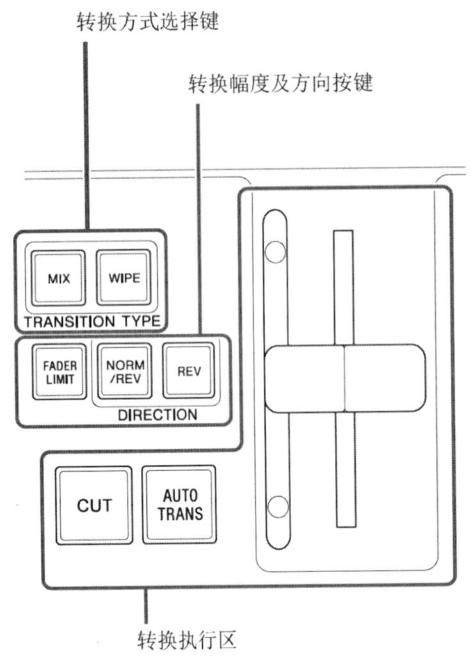

图 5-30　PGM/PRE(节目/预监)特技效果转换区

在 PGM 节目总线按键下方的是 PRE 预监总线按键,这两排总线的按键是完全对应的。我们可以从“备用”角度来理解预监总线。例如,在节目总线区选择了一个路信号按键以后,我们可以立即在预监总线上选择下一个画面的按键。如果只是想在画面之间以硬切的方式实现转换,我们可以按下特技效果转换区的 CUT 键。此时,预监总线上预选按键和节目总线上原画面按键进行交换,节目总线和预监总线的这两个画面就实现了硬切方式的组接。然后,我们还可以继续在预监总线上选择接下来画面的按键,在合适的时机按下特技效果转换区的 CUT 键,如此循环往复,实现节目画面的连续切换。通过 CUT 键来实现画面之间的切换的最大的好处就是可以提高画面切换的准确性。因为导播可以事先准确无误地在预监总线上选择好下一个将要使用的画面,而且还可以通过预览监视器事先查看画面的状态。

当然,在选择好节目总线和预监总线的两个按键之后,我们也可以选择特技效果转换区的 MIX 或 WIPE 键(图 5-30)。在 MIX 键点亮后,推动渐变操纵杆,可实现节目总线画面向预监总线画面淡入、淡出的转换效果。在 WIPE 键点亮时,推动渐变操纵杆,可实现节目总线画面向预监总线画面划像的转换效果。按下 WIPE 键后,我们可以在显示面板和菜单控制区中选择划像模式,具体划像模式还可以在显示的菜单中进行调整和修改。

我们在操作渐变操纵杆进行画面转换时要将渐变操纵杆推到底,否则会出现两个画面重影的情况。此外,无论是淡入、淡出还是划像,我们在推动渐变操纵杆时都需要注意保持速度均匀。当然,为了实现匀速的画面转换,我们还可以按击特技转换区的 AUTO TRANS 键,实现匀速自动转换。转换时长设置方法是:按 MIX 键,显示面板上即显示速度(RATE)菜单,调整显示面板/菜单操作区的 F2 旋钮,即可改变 PGM 转换速度,显示的数字单位是帧(图 5-31)。

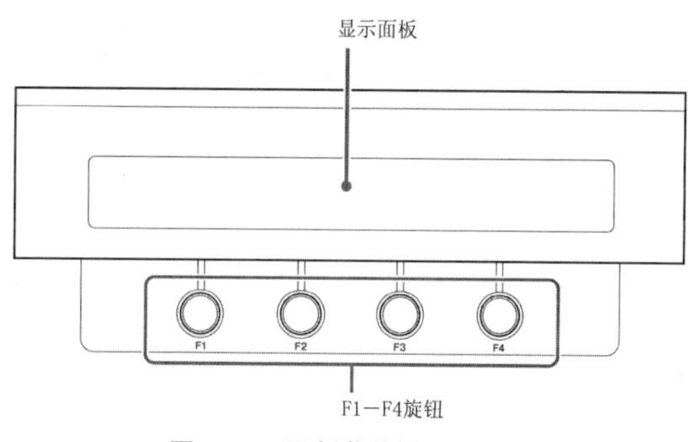

图 5-31　面板菜单操作区

（二）基本字幕叠加

SONY DFS－900M 多制式数字切换台允许在背景画面上叠加四个键（KEY 1－KEY4）和两个下游键（DSK1 和 DSK2）。DSK（DOWN STREAM KEY）下游键的功能是将字符信息以数字信号的形式叠加在电视信号上。叠加字幕信号来自在线包装机或字幕机，一般由键信号（KEY）和填充信号（FILL）两路组成。操作步骤相对简单，只要将在线包装机或字幕机接入切换台输入端，点亮相应的下游键“DSK1 ON”或“DSK2 ON”（图 5－32），这时键信号中的黑色部分透过背景后面，白色部分用来填充字幕内容，字幕即被叠加到背景画面上（图 5－33）。

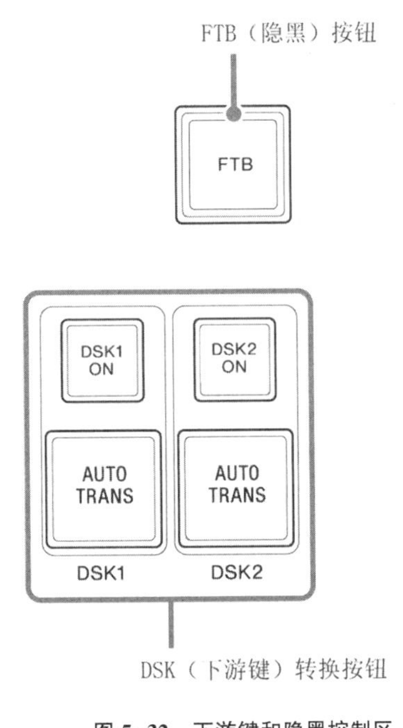

图 5－32　下游键和隐黑控制区

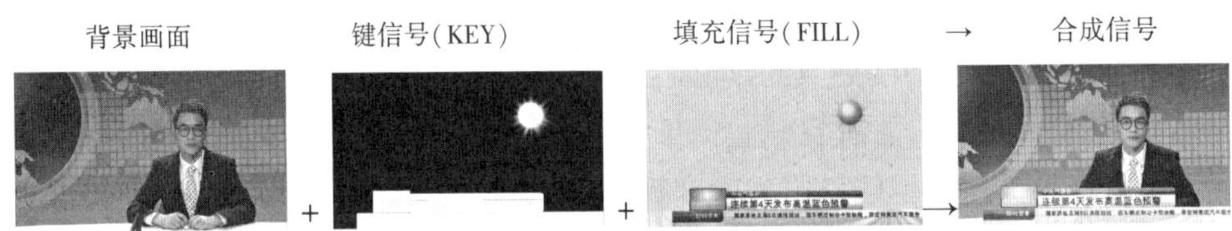

图 5－33　字幕叠加流程

（三）画面抠像

在电视节目制作中，电视画面抠像是历史悠久而且应用范围最广的一种画面处理特技效果。抠像操作对设备条件要求低而且操作简单，成像效果也较为逼真。因此，在我国电视历史发展初期，这种特效技术被大量应用于电视剧创作以及演播室背景制作等场合。虽然今天各种虚拟演播室技术不断涌现，抠像技术仍然没有过时，尤其是在那些小型演播室新闻或访谈节目中，这种简单、高效的特效仍有用武之地。

所谓抠像,形象地说,就是将画面中的背景颜色(通常为蓝色或绿色)“抠”掉,然后用另一个背景画面去填充,从而形成两个画面的叠加(图 5-34)。以抠蓝为例,在演播室节目制作中,我们先用蓝布布满整个背景,然后让主持人站在蓝布前面,要保证主持人的着装颜色和蓝色有反差,再利用色度键就可以将蓝色较为干净地去掉,然后换上事先制作好的背景画面。这样一个拥有全新背景的演播室就出现了。由于可以随意用形式多样的背景画面去填充,抠蓝技术让演播室布景更加多样化。

图 5-34　抠像流程

下面我们来讲解一下抠蓝的操作步骤。首先我们需要建立一个自动色键来进行抠蓝:

(1)在 KEY/AUX 总线控制区选择一个将要操作的键并将其点亮,仅限 KEY1 到 KEY4(图 5-35)。

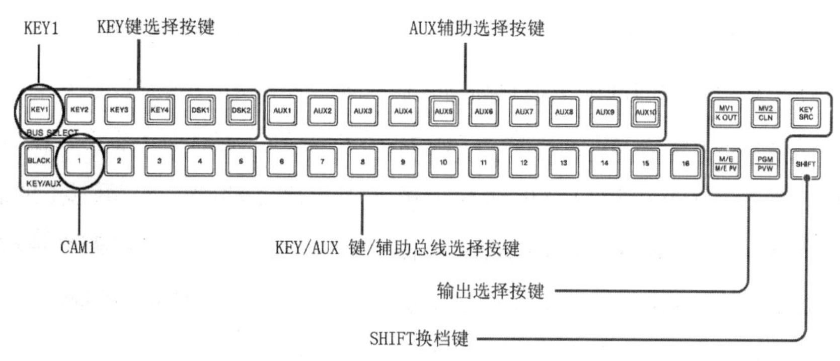

图 5-35　KEY/AUX 总线控制区

(2)在键操作区按 EXT 键或 SELF 键(图 5-36)。当外部键(External Key)或自键(Self Key)菜单显示后,旋转 F1 旋钮选择用于色键的信号(图 5-37)。

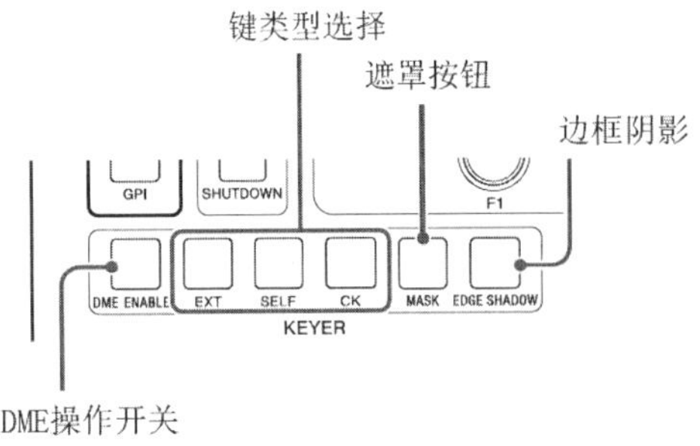

图 5-36 键操作区

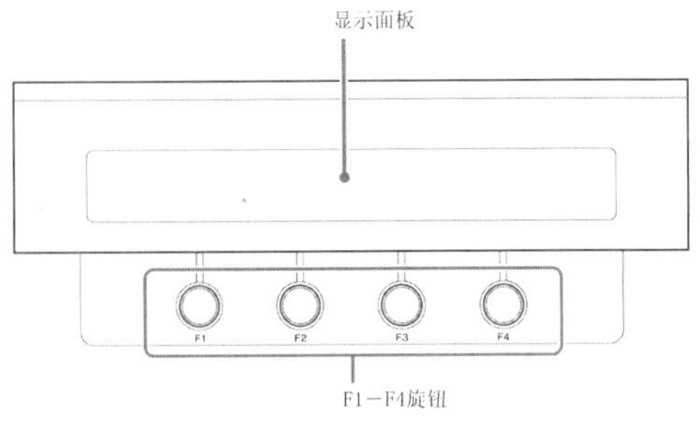

图 5-37 色键信号选择

(3)在键操作区按 CK 键,将键格式改为色度键。

(4)在控制杆区按 AUTO CK 键(图 5-38)。此时切换台进入自动色键模式,面板显示自动色键(AUTO CK)菜单,同时监视器显示带有十字光标的画面(图 5-39)。

(5)操作控制杆,将十字光标移动到要抠除的色区,也可用 F2 和 F3 旋钮移动十字光标。

(6)在控制杆区按 AUTO CK 键。此时一个自动色键(抠蓝)就完成了。

自动色键建立后,可在 CK Manual(手动 CK)菜单通过调整色调(HUE)、增益(GAIN)、电平(CLIP)等指标,以达到理想的抠蓝效果。注意,在 ATUO CK 操作过程中,关闭相应键的 DME EMABLE,并禁止该键的 DME 操作。

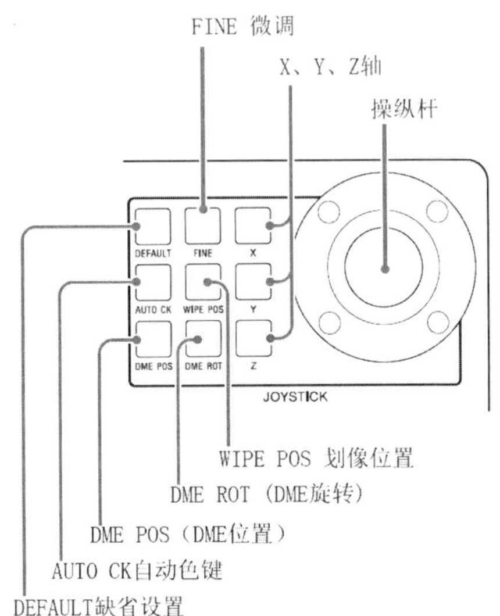

图 5-38 控制杆区

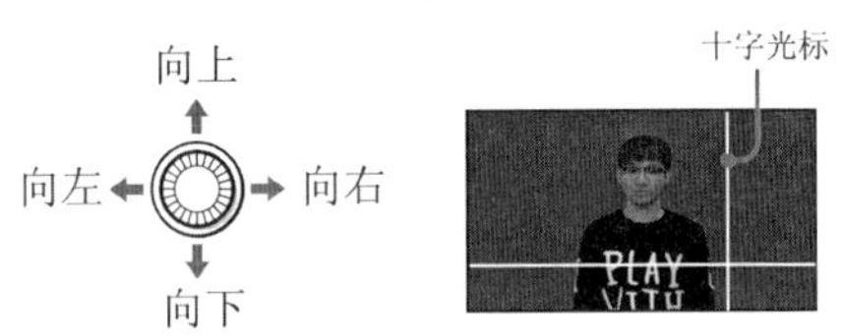

图 5-39 自动色键模式

(四)双视窗

现场直播或连线采访在电视新闻节目中的应用越来越普遍,双视窗效果也成为演播室节目制作中常用的一个特技效果。所谓双视窗,就是在一个背景画面上同时叠加两个视频信号窗口。

SONY DFS-900M 多制式数字切换台可提供 DME(Digital Multi Effects)多重数字效果进行变换和键操作,也可以对键和画面进行三维位置、大小、形状等方面的改变,从而形成复杂、多变的效果。对两个键进行 DME 设置,可以做出双视窗的效果。DME 的设置操作在 M/E 操作区进行,设置完成后,通过 PGM/PRE 交叉母线上的 M/E 按钮切入节目。

双视窗生成操作步骤如下:

(1)在 KEY/AUX 总线控制区选择第一个视窗对象,在 KEY1—KEY4 中选一个,我们选择 KEY1(图 5-40)。按下 KEY/AUX 总线控制区上面一排 KEY 键的 KEY1 键和下面一排的任一按键作为该窗口视频信号的讯道(可以是任一摄像机、录像机或外接信号等)。比如,我们选择 1 号摄像机 CAM1 演播室新闻主持人的信号(图 5-41)。

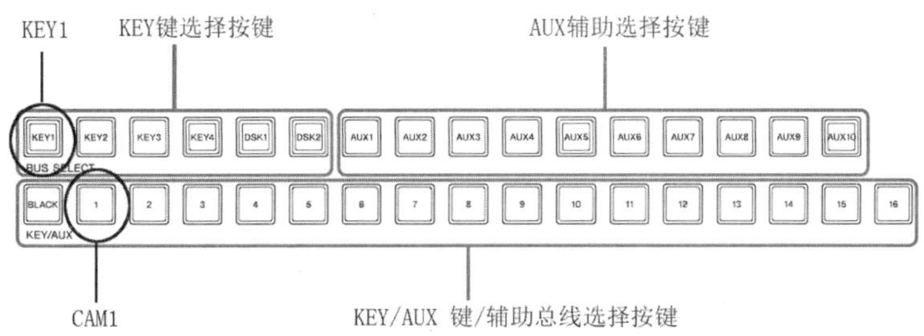

图 5-40 KEY/AUX 总线控制区

图 5-41 视窗对象选择

(2)在 M/E 交叉线线区的 A 档,选择一路信号作为双视窗的背景。

(3)点亮键操作区的 DME ENABLE,即 DNE 操作开关,并点亮键类型选择中的 SELF 按钮(图 5-36)。

(4)点亮 M/E 特技效果转换区的 KEY1,推动变换杆,KEY1 上左侧的红灯亮,即已将 KEY1 信号叠加(图 5-42),后面可以观察 M/E 监视器,对双视窗的位置大小进行直观的设置。

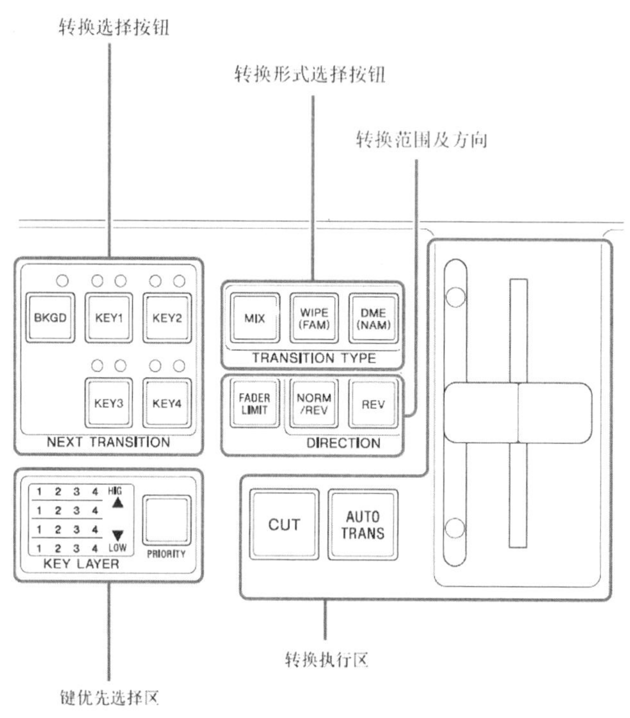

图 5-42 特技效果转换区

(5)按下控制杆区的 DME POS 按钮,进入 DME 位置调整菜单(图 5-38),调整到 Keyer L.Source 子菜单(图 5-43),用菜单下面的对应旋钮或控制杆调整窗口的 X、Y、Z 轴指标,将窗口调整到合适大小并放在指定位置(图 5-44)。

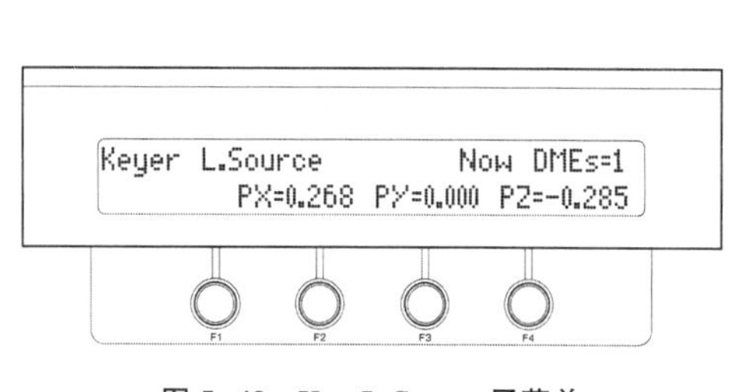

图 5-43 Key L.Source 子菜单

图 5-44 调整窗口位置

(6)按下控制杆区的 DME ROT 钮,进入 DME 旋转菜单,调整到 Keyer L.Source 子菜单(图 5-45),用菜单下面的对应旋钮或控制杆调整窗口的 X、Y、Z 轴指标,将窗口调出一个合适的三维透视效果(图 5-46)。

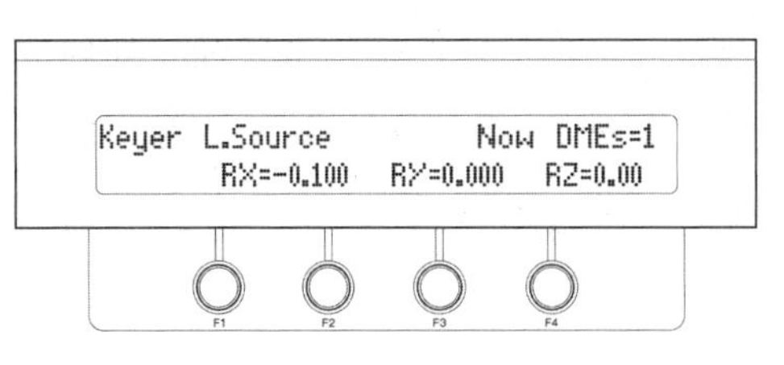

图 5-45　Key L.Source 子菜单

图 5-46　视频窗口三维透视效果

(7)按下 DME/设置区的 BASIC 按钮(图 5-47),按数字键盘区的◁和▷调整到 Crop 裁切菜单(图 5-48、图 5-49),调整 L(左)、R(右)、T(上)、B(下),选择窗口呈现部分。

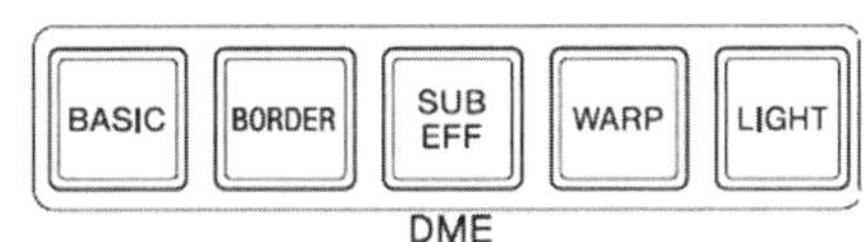

图 5-47　DME/设置区

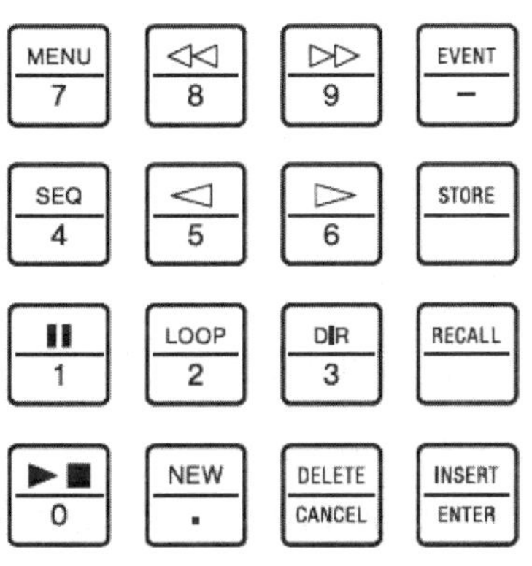

图 5-48　数字键盘

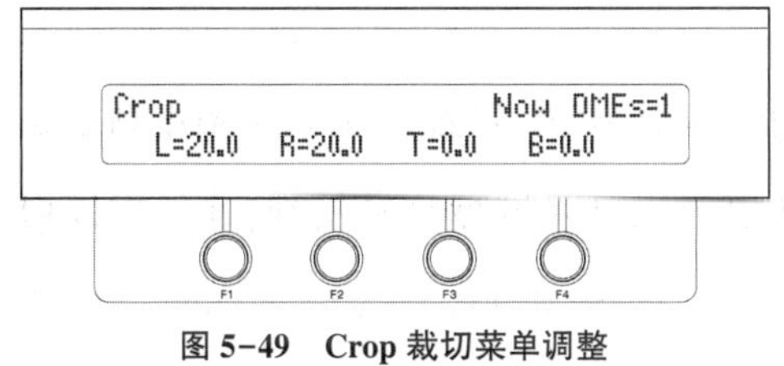

图 5-49　Crop 裁切菜单调整

图 5-50　Border 边框菜单

（8）进入 Border 边框菜单，可给窗口加上一个有三维倒角（Bevel）效果的边框（图 5-50、图 5-51、图 5-52）。

图 5-51 三维倒角效果调整 1

图 5-52 三维倒角效果调整 2

（9）选择 KEY2 制作第二个视窗，将外接出镜主持人的信号 EXT1 赋予 KEY2，重复（2）-（7）步骤（图 5-53）。

图 5-53 双视窗最终效果

（10）将制作好的双视窗效果保存在数字键盘区，以便随时调出使用。保存操作过程是：EVENT→STORE→数字；调出过程是：EVENT→RECALL→数字。

二、数字录像机基本操作

（一）录像机基本功能与面板

电视演播室节目的录制设备主要有磁带录像机、硬盘录像机、卡式录像机及非线性编辑系统。目前，市场上常用的高清磁带录像机有 SONY HDCAM 和 Panasonic DVCPROHD 两种格式。

SONY HDW-M2000P 高清数字录像机是基于 HDCAM 格式的高清晰度数字磁带录像机产生的。该型号录像机应用大规模集成电路进行信号处理，除了可以对数字 Betacam 格式进行录制与重放以外，还可以播放 MPEG IMX 磁带、Betacam SX 磁带、Betacam SP 磁带（金属磁带）和 Betacam 磁带（氧化物磁带）。该型号录像机的数字信号处理系统应用了符合 SMPTE 292M 标准的 HD 4∶2∶2 分量视频信号，可以转换成并行数据,然后再进一步压缩成 HDCAM 格式。音频信号基于 AES/EBU 格式,无需压缩即可进行数字信号处理。本系列设备配置了高清晰度到标准清晰度(HD 到 SD)的下变换器,从而易于实现与各种不同外部设备的连接,其标准的设备接口如下:

- 标清模拟复合信号输出
- 标清模拟分量信号输出
- 模拟音频信号输入/输出(4 通道)
- HDSDI SMPTE 292M 输入/输出(高清晰度数字视频/音频,4 通道)
- SDI SMPTE 259M 输出(数字分量视频/音频,4 通道)
- AES/EBU 串行数字音频输入/输出(4 通道)
- SDTI SMPTE 305M 输入/输出(HDCAM 视频/音频数据)(选件)
- 时间码输入/输出
- 提示音频输入/输出

图 5-54 显示的是 SONY HDW-M2000P 高清数字录像机控制面板,其中上下控制面板各操作功能区块分布如下:

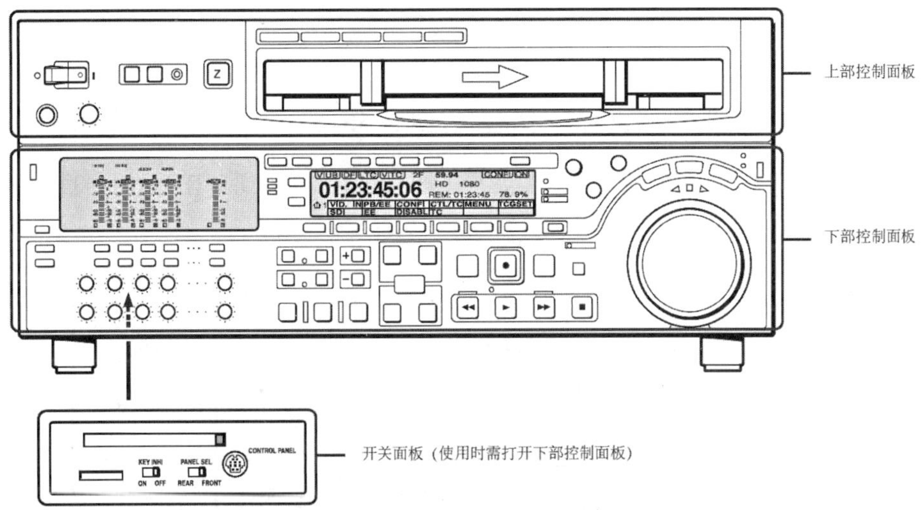

图 5-54　SONY HDW-M2000P 高清数字录像机控制面板

上控制面板主要的功能区和开关包括(图 5-55)：

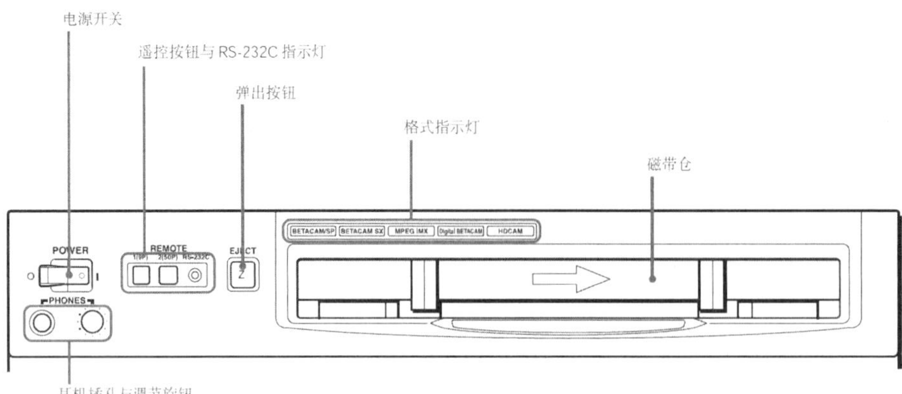

图 5-55 上控制面板

- 电源开关
- 遥控按钮与 RS-232C 指示灯
- 磁带弹出按钮
- 格式指示灯
- 磁带仓
- 耳机插孔与调节旋钮

下控制面板主要的功能区和开关包括(图 5-56)：

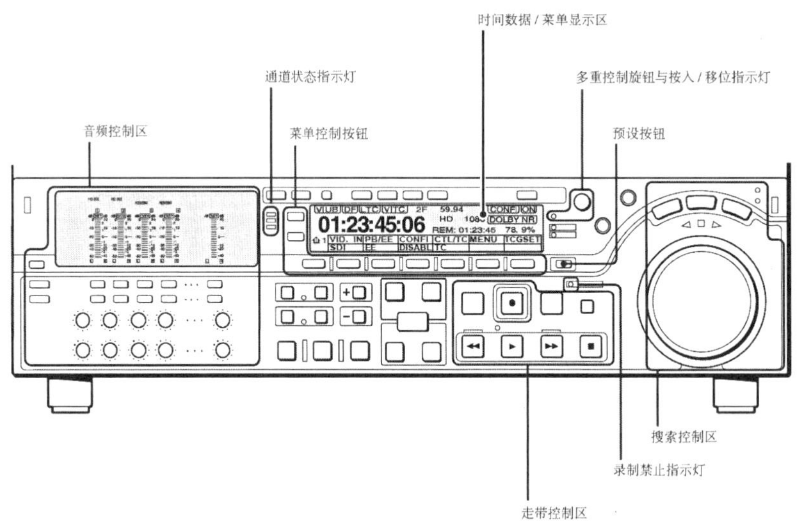

图 5-56 下控制面板

- 音频控制区
- 通道状态指示灯
- 菜单控制按钮
- 时间数据/菜单显示区
- 走带控制区
- 多重控制旋钮与按入/移位指示灯
- 录制禁止指示灯
- 预设按钮
- 搜索控制区

（二）录像机基本操作

1.录制彩条

在新磁带录制节目前，要确保从磁带的最开始位置录上磁迹。通常的做法是先录制 1 分钟左右的彩条，然后从时码 1 分钟位置处起开始录制正式的节目内容。

录制彩条的基本操作步骤如下：

（1）放入磁带，快倒至磁带头部。

（2）按菜单控制键中的 Home 键，按 CTL/TC 对应的 F4 键，选择将 CTL/TC 设置为 TC（图 5-57）。

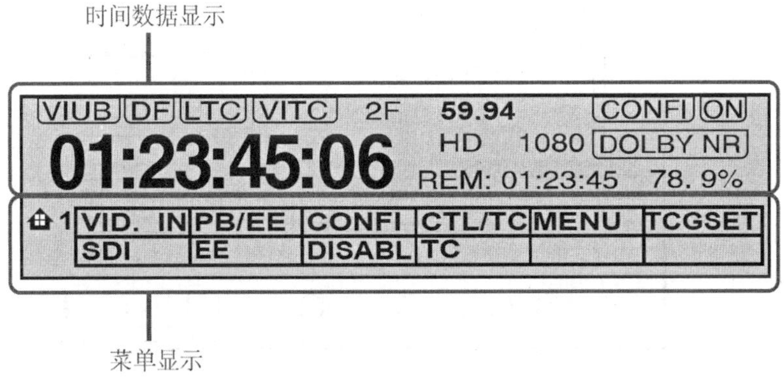

图 5-57　CTL/TC 设置

(3)按下 F6(TCGSET)键,菜单显示如图 5-58,再按下 RESET 键,将时码设置为零。

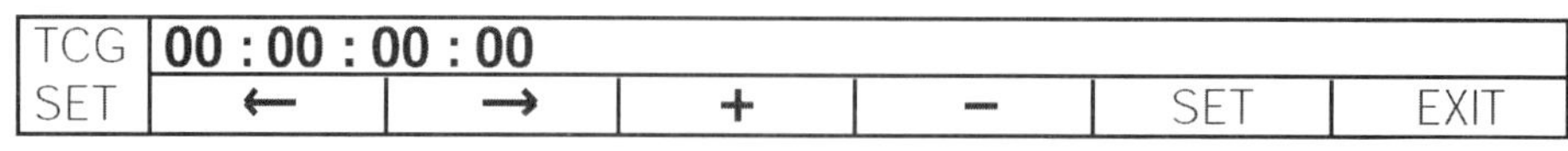

图 5-58 F6(TCGSET)键

(4)按下 F5(SET)键。

(5)按 HOME 键,回 HOME1 菜单,长按 F1 键 3 秒,视频输入改为 SG,监视器出现菜单画面。

(6)同时按下走带控制部分的 REC 键和 PLAY 键,磁带从时码零处开始录制彩条(图 5-59)。

(7)当录制时码进行到 1 分 10 秒左右时,按下 STOP 键,停止磁带头部彩条录制。

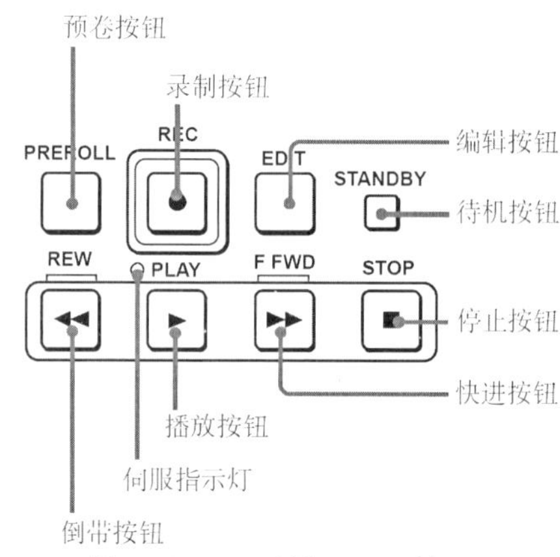

图 5-59 REC 键和 PLAY 键

2.节目录制

正式节目录制前需要进行视音频输入(INPUT)设置。步骤如下:

(1)按下音频选择功能选择键中上面的 INPUT 键,进入输入信号选择模式(图 5-60)。此时,在音频设置显示部分,相应指示灯会闪烁,指示当前为各通道

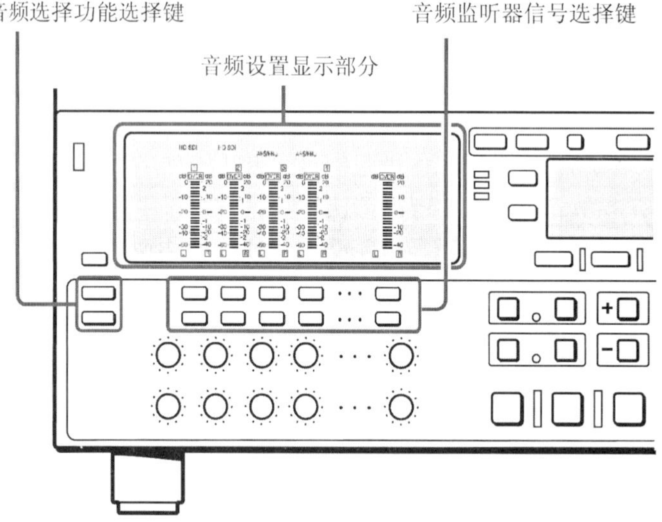

图 5-60 音频功能选择

(CH1—CH4)所选择的信号(HDSDI、SDTI、AES/EBU、ANA)。

(2)使用音频监听器信号选择键,选择输入各通道的信号(HDSDI、SDTI、AES/EBU、ANA)。演播室节目录制时通常选择ANA模拟信号。

(3)再按一次INPUT键,确认输入信号选择。

(4)按菜单控制部分的HOME键,显示HOME菜单(图5-61)。按菜单中VID.IN(视频输入)下对应的F1键,选择输入视频的信号。演播室节目录制中一般选择SDI信号。

图5-61　HOME菜单

完成视音频输入(INPUT)设置后,还需要对编辑模式进行设置。步骤如下:

(1)按下并打开ASSEMBLE(组合)键,执行组合录制(图5-62)。此时,所有信号(视频信号、音频信号、时间码信号等)会一起被记录下来。

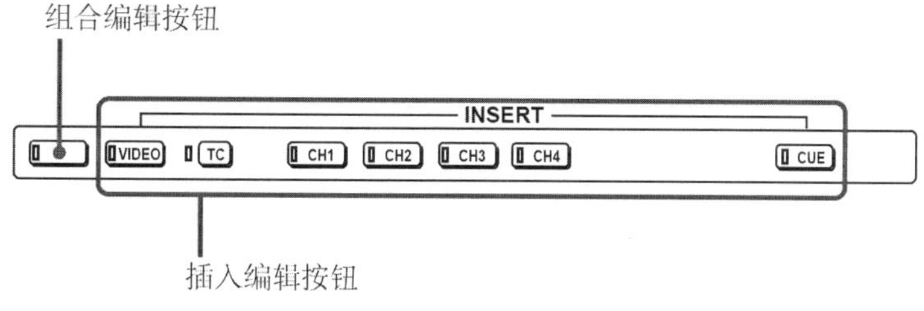

图5-62　编辑模式设置

(2)新近铺好彩条的磁带初次录制时,将磁带时码调到00:01:00:00处,在编辑控制部分同时按ENTRY和IN键,打上入点(图5-63)。

(3)按下并打开AUTO EDIT键,磁带预卷5秒,再次运行到入点处时,开始录制。

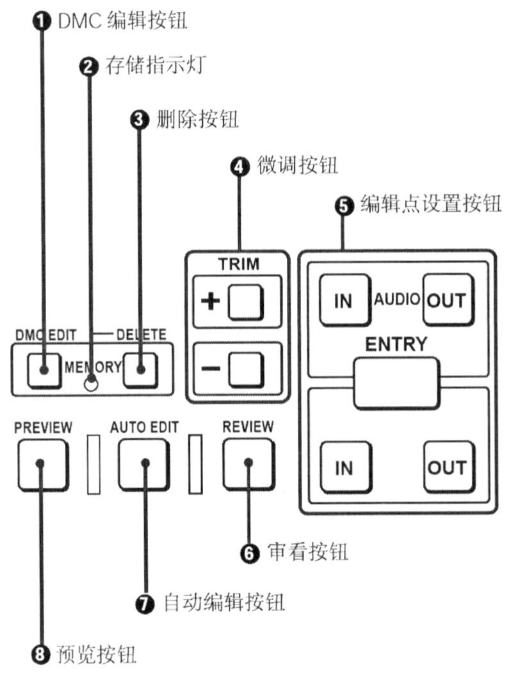

图 5-63 编辑控制

(4)按下走带控制部分的 STOP 键,停止本段落的录制。

(5)磁带倒回到要接续录制的时码处时,同时按 ENTRY 和 IN 键打入点,再打开 AUTO EDIT 键,继续录制下面的节目。

三、提词器的功能与基本操作

提词器是现代电视演播室节目制作常用的设备,尤其是对新闻播报类节目而言(图 5-64)。提词器先是通过一个高亮度电脑显示器来显示文稿内容,然后再将显示内容反射到摄像机镜头前一块呈 45°角的专用镀膜玻璃上。此时,主持人在面对摄像机镜头的时候能同时读取镀膜玻璃上的文稿内容。因此,提词器实为一个可以实现镜像显示功能的显示器。该显示器连接一台安装有提词软件的电脑,然后通过遥控器操控提词软件,使文稿以主持人需要的速度连续滚动,让主持人能流畅地读出台词。由于摄像机、主持人、提词器和摄像机镜头在同一轴线上,所以主持人的视线很逼真,给观众的感觉就是仿佛提词器不存在一样。更关键的是,主持人还可以通过一个小小的遥控设备根据自己播报的节奏来控制文稿的播放速度

(图 5-65)。提词器的出现极大地保证了新闻播报的准确性和流畅程度,提高了工作效率。尤其对那些经验不足的播报员或主持人来说,提词器更是不可或缺的演播室设备。

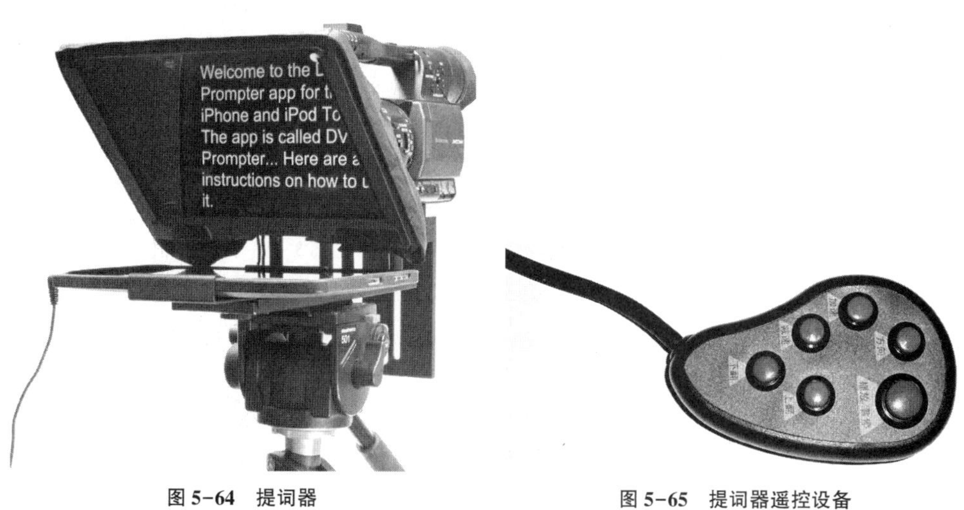

图 5-64 提词器　　图 5-65 提词器遥控设备

我们以北京郎威视讯电子技术有限公司的提词器软件为例来介绍提词器的使用方法。这款提词器软件使用文本格式为 TXT 的文件,我们只要将播报内容输入一个文本文档,并设置好显示字体大小,运行软件的播放功能即可进行滚动提词。

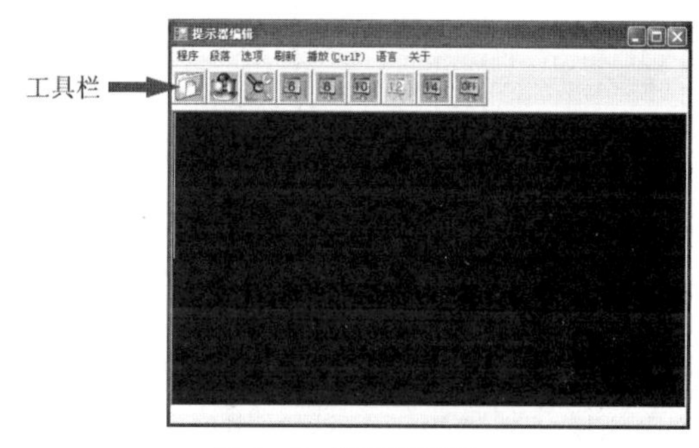

图 5-66 提词器界面

图 5-66 是提词器软件打开后的界面。我们可以看到,菜单栏与黑色文本显示框之间的 9 个按钮是常用工具栏。我们点工具栏最左边的打开键,调入文本格式文件,然后可以做编辑、修改(图 5-67)。从工具栏左四开始的 5 个按钮是用来选择文本滚动时字体的大小的,每个按钮显示的数字代表一行显示的字数。编辑完成后,按工具栏左二键即可开始播放文本(图 5-68)。此时电脑上显示的是镜像文本,通过提词器镜面反射后,主持人从摄像机镜头前的屏幕上就能看到正常显示的文本。主持人可以用遥控器操控文本滚动的速度,也可以由工作人员在电脑前用鼠标操控完成。

图 5-67 文本格式修改

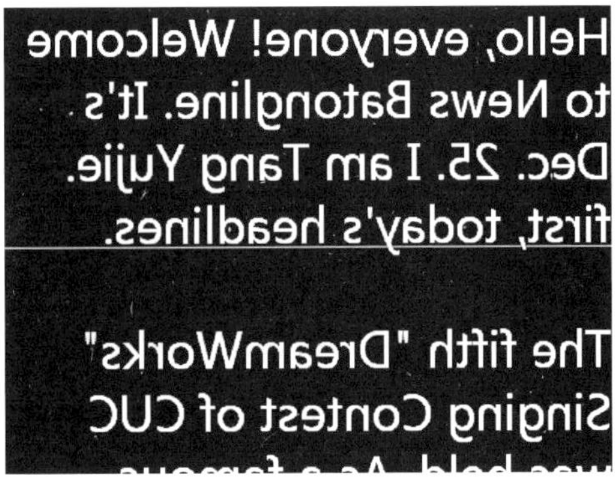

图 5-68 文本播放

四、光圈调节与示波器

演播室摄像机和单机摄像机的工作方式是有区别的。演播室摄像机拍摄的视频信号基本上都是通过光缆先传输到导播控制室机柜上的摄像机控制单元 CCU，然后经过 CCU 处理后再输送到切换台。由于 CCU 的存在，演播室摄像师只要控制聚焦和变焦即可，而摄像机镜头的光圈、快门的调控则由视频技术人员在导播控制室内操控连接摄像机控制单元 CCU 的遥控面板（RCP）进行。RCP 还可对摄像机进行调白、调黑、调整黑电平、色调微调等操作。视频技术人员一般通过电视墙上的摄像机监视器调整光圈，也可通过观察示波器显示的技术指标更精准地调整画面的技术参数。

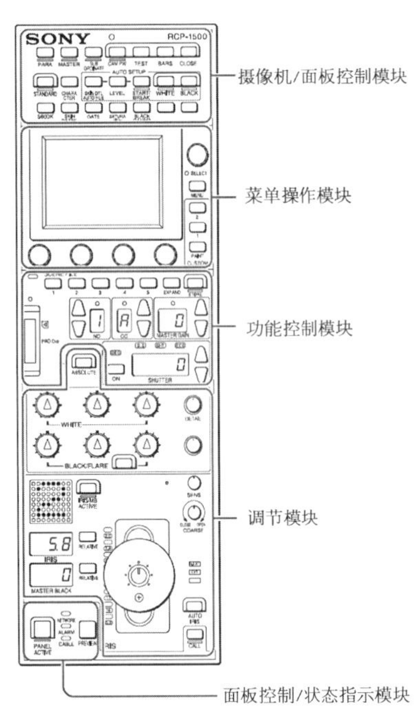

图 5-69 SONY RCP-1500 遥控面板

图 5-69 是 SONY RCP-1500 遥控面板功能分区图。在摄像机开机状态下，打开面板控制/状态指示模块的 PANEL ACTIVE 按钮即可遥控摄像机。上下推拉调节区的光圈控制杆即可调整摄像机镜头的光圈，光圈数值在控制杆右侧的光圈显示窗显示。需要注意的是，只有在摄像机镜头调整到自动状态时，才可通过 RCP 调整光圈。

在演播室电视节目拍摄中,摄像机的快门一般是固定的,只有用光圈来控制光通量的大小,才能根据拍摄意图形成正确曝光。需要调整光圈的情况很多,例如,当摄像机进行移动推拉动作时,当拍摄对象进入不同光区时,当拍摄特定人物或道具时,甚至人物的肤色不同、服饰不同等情况也要调整光圈。视频技术人员要随时观察摄像机监视器和示波器,及时推拉光圈控制杆以调整光圈。

摄像机/面板控制区的 WHITE 和 BLACK 按钮则是分别用来调整自动白平衡和自动黑平衡的。调节区的手动黑白平衡旋钮,可对黑白平衡的红、绿、蓝(R、G、B)指示进行微调,以达到理想效果。

在演播室节目制作中,我们一般在调光结束后,会对各摄像机进行自动白平衡和自动黑平衡的设定和矫正,即让各摄像机以一个相同的白色为基调,保证色彩还原的一致性。调节白平衡时先关闭各种彩色效果灯,然后调度各摄像机对准一米外相同光区内的同一白色调白板(或白色绸布)。接下来,摄像师进行推镜头操作,让白板充满整个画面。这个时候,导播控制室内的视频技术人员要先将摄像机光圈调整到自动光圈状态(图 5-70),然后再点亮自动白平衡按钮(图 5-71),启动自动白平衡调节功能,调节完成后指示灯熄灭。

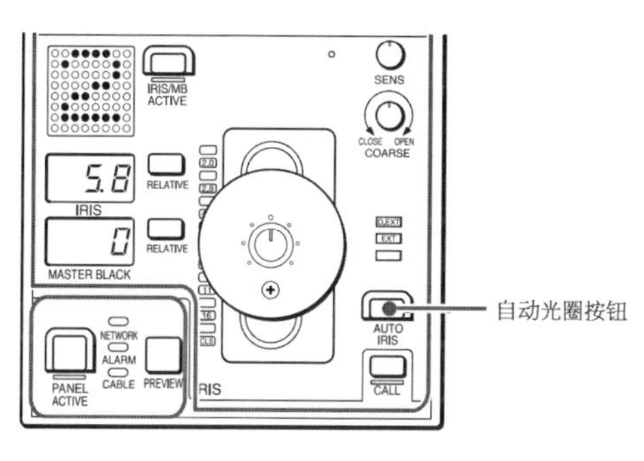

图 5-70 自动光圈设置

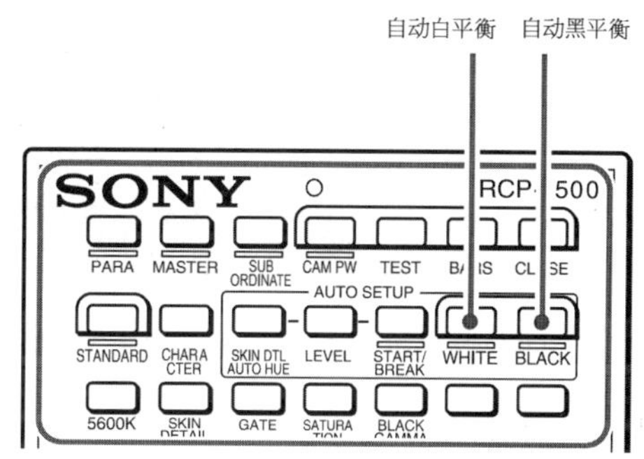

图 5-71 自动白平衡设置

五、调音台基本操作

调音台的主要功能是使声音信号达到音量、音质、声像及效果等各方面的平衡。除此之外,还有声轨分配、监听选择以及表头指示等功能。

调音台种类繁多,根据不同的录音任务可以选用不同类别的调音台。在外出进行新闻、专题采访,拍摄电影或电视剧时需要使用便携式调音台;在广播电台或电视台的直播室或演播室内则需要使用桌式调音台。在实际工作中，桌式调音台常应用于广播电台和电视台、演播室、控制室等场所。这类调音台应用范围最为广泛，在保证声音高质量的同时，还具有高度的可靠性和稳定性。图 5-72是雅马哈公司生产的 DM1000 调音台的控制界面，包括输入部分、通道条部分、立体声部分和显示部分。

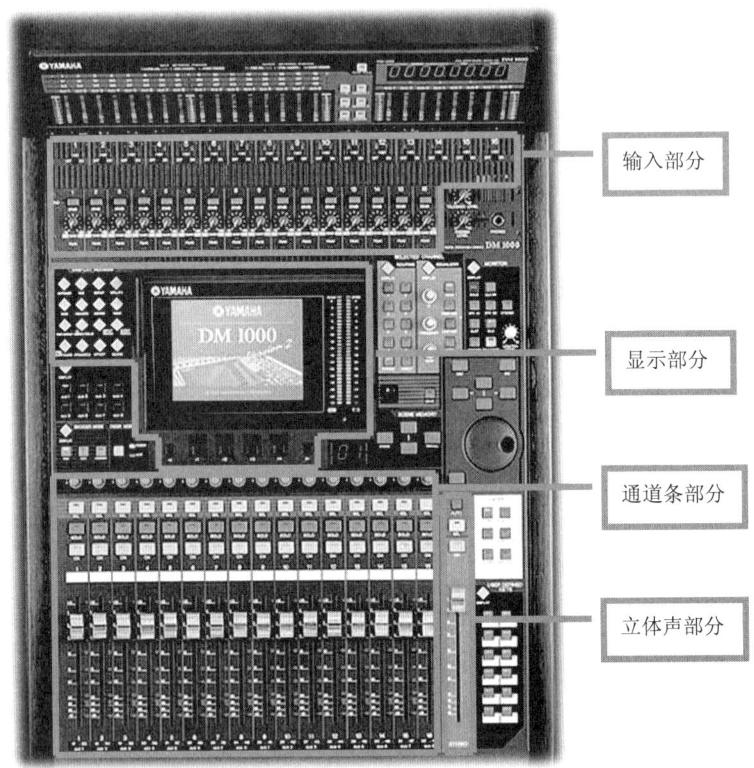

图 5-72　YAMAHA DM1000 调音台控制界面

下面分别介绍这几部分的操作。

(一) 输入部分

+48V ON/OFF 开关

用此开关可以打开或关闭各输入的+48V 幻象供电。如果接入此通路的是动圈话筒，需要将此开关关闭；如果接入此通路的是电容话筒，需要将此开关打开。

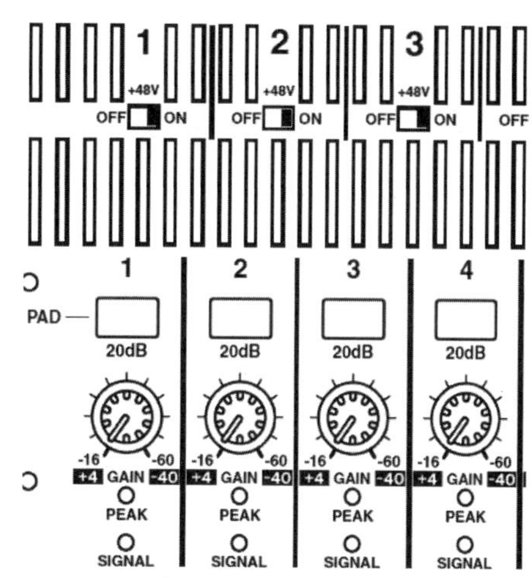

图 5-73　输入部分控制界面(局部)

PAD 开关

用此开关可以打开或关闭各输入的 20dB 电平衰减器。有时如果输入信号过大,容易出现削波失真,此时需要打开此开关,使输入信号衰减 20dB,达到调音台可接收的信号电平范围;如果是正常的输入信号,则需关闭此开关。

GAIN 控制旋钮

用此控制旋钮调整各输入信号的电平值。输入电平的调整是演播室音频制作过程中最为重要的一环。如果调整的信号电平过小,会导致信噪比很低,噪声有可能掩盖需要录制的信号;如果调整的信号电平过大,由信号峰值导致的削波失真出现的概率会增大,进而出现失真噪声。所以调整输入电平的原则应是在不出现削波失真的前提下尽可能提高信噪比。

PEAK 指示灯

输入信号电平下降到削波以下 3dB 时,指示灯亮起。在演播室节目录制过程中,通过调整 PAD 开关和 GAIN 控制旋钮,应保持此指示灯在达到信号峰值时很少亮起。

(二)通道条部分

编码器

用旋转编码器可以调整通道参数设置。根据在 ENCODER MODE 部分选择的按钮,编码器调整通道声像设置、AUX 发送电平或任何参数。

[SEL]按钮

可以用此按钮选择所需的通道。当前所选通道的[SEL]按钮指示灯亮起。用各[SEL]按钮选择的通道取决于 LAYER 部分当前选择的按钮。

[SOLO]按钮

用此按钮使所选通道独奏。当前独奏通道的[SOLO]按钮指示灯亮起。

通道推子

这些推子是 100mm 力度响应电动推子。根据在 FADER MODE 部分选择的按钮，推子将调整所选通道、母线的输入或输出电平，也可调整 AUX 发送电平。在演播室节目录制过程中，通道常用这些推子调整所选通道的输入电平。

图 5-74 通道条部分控制界面（局部）

（三）立体声部分

［SEL］按钮

选择立体声母线。

［ON］按钮

打开或关闭所选母线。

［STEREO］推子

此 100mm 力度响应电动推子调整立体声母线的最终输出电平。在演播室节目录制过程中，通常将此推子保持在 0dB 的位置。

（四）显示部分

DISPLAY ACCESS

此部分共有 16 个按钮，按下其中的一个按钮即可显示此按钮所标识的页面信息。在演播室节目录制过程中，常用到右上角的［UTILITY］按钮。按此按钮可以使用内部振荡器以完成校准千周信号的步骤。

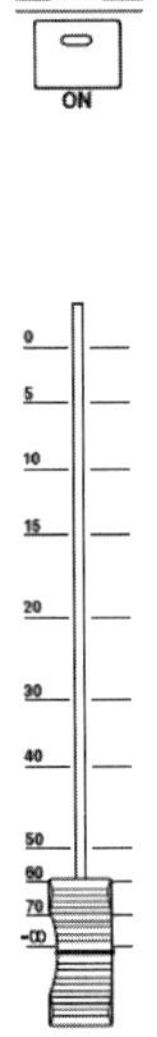

图 5-75 立体声部分控制界面

显示屏

这是一个带荧光背光的 LCD 显示屏，可以显示不同的页面信息。

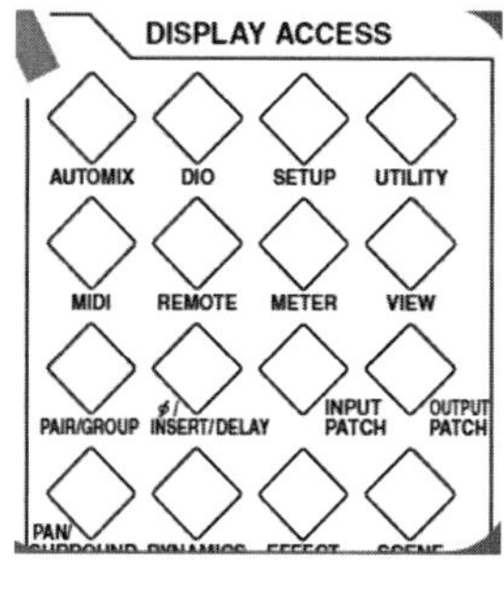

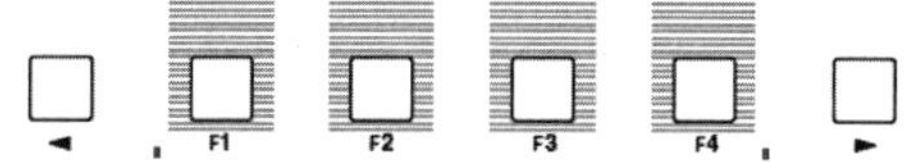

图 5-76　显示部分控制界面

立体声电平表

这些 32 段电平表可显示立体声母线的最终输出电平。在演播室节目录制过程中,应时刻留意电平表的示数,使其始终保持在合适的电平范围内。

[F1]-[F4]按钮

用这些按钮从多页面屏幕中选择一个页面。用其中一个按钮选择屏幕底部的某个存储区后,将显示相应的页面。

介绍完演播室节目录制过程中调音台常用的一些控制界面后,我们来详细探讨演播室音频技术岗位的一般工作流程。通常节目录制流程可分为三个环节:节目录制前的准备环节、节目录制中的控制环节和节目录制后的整理环节。其中节目录制前的准备环节可细分为千周信号校准和话筒调试两个环节。

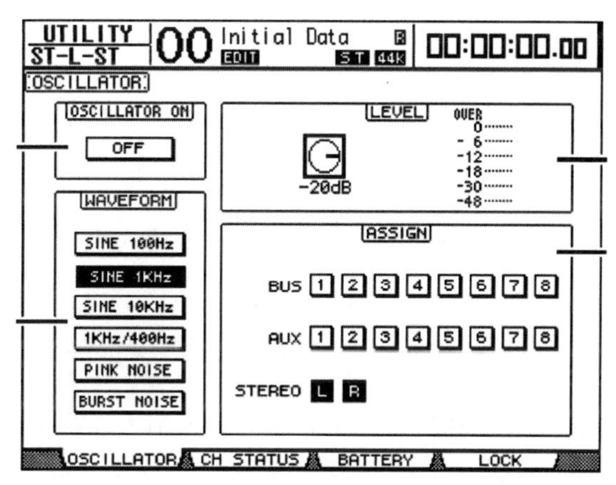

图 5-77　千周信号校准界面

首先来看千周信号校准。按

照以下步骤可以完成千周信号校准:

①按 DISPLAY ACCESS 中右上角的[UTILITY]按钮,然后按[F1]按钮,将出现调音台内部振荡器页面,如图 5-77 所示。

②将光标移动到 WAVEFORM 波形参数选择区,选择 SINE 1KHz(1KHz 正弦波,即千周信号),然后按[ENTER]。

③将光标移动到 LEVEL 电平参数选择区,转动参数轮,将振荡器电平设为-20dB。

④将光标移动到 ASSIGN 部分的振荡器输出通道按钮,选择 STEREO 的 L 和 R,按[ENTER]即可将振荡信号输出到立体声总输出母线。

⑤将光标移动到 OSCILLATOR ON/OFF 按钮,然后按[ENTER]打开振荡器。此时振荡器产生-20dB 的千周信号,被路由到立体声总输出母线。

⑥推起 STEREO 立体声电动推子至 0dB 的位置。

⑦与视频技术岗位人员沟通,确认已发送-20dB 千周信号至录像机,然后调整录像机音频电平表至-20dBFS。至此即完成千周信号校准。

然后来看话筒调试。按照以下步骤可以完成话筒调试:

①根据节目录制需求,确定所需要的话筒类型和数量,并将话筒信号分配到恰当的输入通路。为便于记忆,可以在通道条下方粘贴标识以标记不同的话筒信号源。

②若使用的是有线话筒,请将话筒插入演播室中相应的音频输入端口,合理布置音频线,将话筒放置在固定位置或交到使用此话筒的主持人和嘉宾手中;若使用的是无线话筒,请打开无线接收器,安装好发射机的电池,确保其电量处于满格状态,将无线话筒佩戴到使用此话筒的主持人和嘉宾身上。

③依次调整每只话筒的录音电平。调整方法是推起话筒的输入通路推子至 0dB 的位置,通知使用此话筒的主持人和嘉宾按照节目录制的正常音量说话,旋转此话筒输入通路的 GAIN 旋钮,使音频电平表的示数始终保持在-12dBFS 位置附近。然后保持此通路 GAIN 旋钮位置不变,拉下输入通路推子。再按同样步骤调整下一只话筒,直到所有话筒的 GAIN 旋钮都调整完毕即完成话筒调试。

在节目录制过程中,应保持思想高度集中,时刻控制每一路输入通路推子,使每一路的录音电平始终保持在合适范围内。

在节目录制结束后，拉下所有的输入通路推子和STEREO立体声推子，旋转所有GAIN旋钮至最小值，取回录制过程中使用到的所有话筒和音频线。若有使用无线话筒，还需关闭无线接收机和发射机。

思考题：

1.演播室有哪些功能区？各自的作用是什么？

2.在切换台上实现“叠入”效果的方法有哪些？

3.使用录像机录制彩条的基本步骤是什么？

后 记

在本教材即将与广大读者见面之际,我们特别想对一直帮助我们的领导、老师和朋友致以衷心的感谢:

感谢中国传媒大学新闻传播学部高晓虹教授、王晓红教授、赵淑萍教授、孙振虎教授以及其他领导和老师对本书撰写及出版等各个环节所给予的指导和帮助!

感谢电视学院演播中心徐建祖老师对本书第五章的撰写工作提供帮助。徐老师在演播室节目制作技术方面经验丰富,他针对演播室技术相关内容提出了很多宝贵意见。

感谢电视学院梁冰洁、曹江涛等同学,在教材撰写过程中,他们承担了资料搜集、图片拍摄等大量辅助工作。此外,还要感谢电视学院的同学们作为本书配图的拍摄对象,使本书得以图文并茂、形象生动。

中国传媒大学出版社程平、李明及其他相关编辑也为本书的出版一直默默奉献,在此一并致以感谢!

最后,还要向在本书编写和出版过程中给予过关心和支持的朋友、老师以及家人表示感谢!

由于该书涉及的电视演播室技术、艺术与理论方面的内容较多,且电视演播室节目制作前沿实践日新月异,因此,本书难免有这样或那样的缺憾,敬请专家与读者指正!

顾洁　郇睿

二零一七年八月于北京

图书在版编目(CIP)数据

演播室节目制作/顾洁,郁睿著.--北京:中国传媒大学出版社,2017.11(2021.7重印)
(摄影专业"十二五"规划教材)
ISBN 978-7-5657-2075-8

Ⅰ.①演… Ⅱ.①顾… ②郁… Ⅲ.①电视节目—制作—高等学校—教材
Ⅳ.①G222.3

中国版本图书馆CIP数据核字(2017)第192505号

演播室节目制作

YANBOSHI JIEMU ZHIZUO

著　　　者　顾　洁　郁　睿
责 任 编 辑　李　明
装帧设计指导　吴学夫　杨　蕾　郭开鹤　吴　颖
设 计 总 监　杨　蕾
装 帧 设 计　刘　鑫　杨瑜静
责 任 印 制　李志鹏

出版发行　中国传媒大学出版社
社　　址　北京市朝阳区定福庄东街1号　　邮　　编　100024
电　　话　86-10-65450528　65450532　　传　　真　65779405
网　　址　http://cucp.cuc.edu.cn
经　　销　全国新华书店

印　　刷　唐山玺诚印务有限公司
开　　本　787mm×1092mm　1/16
印　　张　12.25
字　　数　199千字
版　　次　2017年11月第1版
印　　次　2021年7月第2次印刷

书　　号　ISBN 978-7-5657-2075-8/G·2075　　定　　价　36.00元

致力专业核心教材建设　提升学科与学校影响力

中国传媒大学出版社陆续推出

我校15个专业“十二五”规划教材约160种

播音与主持艺术专业（10种）
广播电视编导专业（电视编辑方向）（11种）
广播电视编导专业（文艺编导方向）（10种）
广播电视新闻专业（11种）
广播电视工程专业（3种）
广告学专业（12种）
摄影专业（11种）
录音艺术专业（12种）
动画专业（10种）
数字媒体艺术专业（12种）
数字游戏设计专业（10种）
网络与新媒体专业（12种）
网络工程专业（11种）
信息安全专业（10种）
文化产业管理专业（10种）

本书更多相关资源可从中国传媒大学出版社网站下载
网址：http://cucp.cuc.edu.cn
责任编辑：李　明　　　意见反馈及投稿邮箱：limingcucp@163.com
联系电话：010-65779406